3500 palavras em chinês

© 2008 Thierry Belhassen

Revisão
Drª Dai Ling

Capa e projeto gráfico
Paula Astiz

Editoração eletrônica
Lydia Megumi / Paula Astiz Design

Ilustrações
Lydia Megumi

Dados Internacionais de Catalogação na Publicação (CIP)
(Câmara Brasileira do Livro, SP, Brasil)

Belhassen, Thierry
  3500 palavras em chinês / Thierry Belhassen. – Barueri, SP : DISAL, 2008.

  ISBN 978-85-89533-95-9

  1. Chinês – Estudo e ensino 2. Chinês – Vocabulário – Português I. Título.

08-03637   CDD-495.107

Índices para catálogo sistemático:
1. Chinês : Estudo e ensino   495.107

Todos os direitos reservados em nome de:

Bantim, Canato e Guazzelli Editora Ltda.
Al. Mamoré, 911, sala 107, Alphaville
06454-040, Barueri, SP
Tel./Fax: (11) 4195-2811

Visite nosso site: www.disaleditora.com.br
Vendas:
Televendas: (11) 3226-3111
Fax gratuito: 0800 7707 105/106
E-mail para pedidos: comercialdisal@disal.com.br

Nenhuma parte desta publicação pode ser reproduzida, arquivada nem transmitida de nenhuma forma ou meio sem permissão expressa e escrita da Editora.

SUMÁRIO
MÙLÙ

VIAGENS *LǓXÍNG* 07
De Avião *zuò fēijī* 07
De Barco *zuòchuán* 11
De Trem *zuò huǒchē* 12
De Carro *zuò qìchē* 14

FÉRIAS *JIÀQĪ* 18
No Hotel *zài lǚguǎn* 18
No Restaurante *zài cānguǎn* 19
Comida *shíwù* 21

COMPRAS *GÒUWÙ* 28
Roupas *yīshang* 29
Som *yīnxiǎng* 33
Livros *shūjí* 34
Tabaco *yāncǎo* 36
Lavanderia *xǐyīdiàn* 37
Fotografia *shèyǐng* 37
Jóias *zhūbǎo* 39
Correio e Telefone *yóujú hé diànhuà* 39
Supermercado *chāojíshìchǎng* 41
Papelaria *wénjùdiàn* 41
Drogaria *yàofáng* 42
Ferragens *wǔjīnshāngdiàn* 43
Flores *xiāhuā* 44

NA PRAIA *ZÀI HǍIBĪN* 46

NA MONTANHA *ZÀI SHĀNSHÀNG* 49

NA RUA *ZÀI JIĒDÀO* 51
Diversões *yúlè* 53

NO CAMPO ZÀI NÓNGCŪN 56

Pomar *guǒyuán* 57
Floresta *sēnlín* 58
Tempo e Estações *shíjiān hé jìjié* 59
Animais *dòngwù* 62
Animais Selvagens *yěshēngdòngwù* 63

NO TRABALHO ZÀI GŌNGZUÒ 68

Na Escola *zài xuéxiào* 68
Números *shùzì* 70
Negócios *shēngyì* 72

A MÍDIA MÉITǏ 76

POLÍTICA ZHÈNGZHÌ 79

CRIME E CASTIGO ZUÌXÍNG HÉ CHǓFÁ 82

GUERRA E PAZ ZHÀNZHĒNG YǓ HÉPÍNG 85

O DIA A DIA RÌCHÁNGSHĒNGHUÓ 88

Em Casa *zài jiā* 88
Móveis e Acessórios *jiājù hé pèijiàn* 90
Família e Amigos *jiātíng hé péngyou* 93

LAZER XIŪXIÁN 96

Festas *yànhuì* 96
Esportes e Jogos *tǐyù hé yóuxì* 97

SAÚDE JIÀNKĀNG 102

Corpo *shēntǐ* 102
Doença *jíbìng* 105
Acidentes e Morte *shìgù hé sǐwáng* 108
Sentidos *gǎnjuéguānnéng* 109
Coração e Mente *xīnzàng hé tóunǎo* 113

PALAVRAS UTÉIS YǑUYÒNGDE CÍ 116

VIAGENS *LǙXÍNG*

De Avião *zuò fēijī*

a agência de viagem *lǚxíngshè*
a viagem *lǚxíng*
a companhia aérea *hángkōnggōngsī*
o bilhete *piào*
o bilhete de ida *dānchéngpiào*
o bilhete de ida e volta *láihuípiào*
o passaporte *hùzhào*
o visto *qiānzhèng*
a taxa de cambio *wàihuìpáijià*
o dinheiro *qián*
as férias *jiàqī*
o viajante *lǚxíng jiā*
o turista *yóukè*
o estrangeiro *wàiguórén*
o estranho *mòshēngrén*
o país *guójiā*
o aeroporto *jīchǎng*
a bagagem *xíngli*
a mala *xiāngzi*
a sacola *dàizi*
a bolsa *shǒu dài*
a carteira *qiánbāo*
o carrinho de bagagem *xíngli tuīchē*
o carregador *bānyùngōng*
o aviso *tōngzhī*
a alfândega *hǎiguān*
o funcionário da alfândega
   hǎiguān guānyuán

3.500 PALAVRAS EM CHINÊS

a taxa *guānshuì*
a garrafa *píng*
os cigarros *xiāngyān*
os charutos *xuě jiā*
o tabaco *yāncǎo*
o perfume *xiāngshuǐ*
a joalheria *shǒushìdiàn*
os binóculos *wàngyuǎnjìng*
os óculos *yǎnjìng*
a máquina fotográfica *zhàoxiàngjī*
o gravador de vídeo *lùxiàngjī*
o vídeo *lùxiàngdài*
o computador *diànnǎo*
o formulário *biǎogé*
o helicóptero *zhíshēngjī*
o planador *huáxiángjī*
o avião a jato *pēnqìshìfēijī*
a decolagem *qǐfēi*
a pista *pǎodào*
a tripulação *jīzǔrényuán*
a aeromoça *hángkōngxiǎojiě*
o piloto *fēixíngyuán*
o passageiro *chéngkè*
o avião *fēijī*
o vôo *hángbān*
a cabina *kècāng*
a primeira classe, classe economica
    tóuděngcāng, jīngjìcāng
o lugar *wèizi*
o cinto de segurança *ānquándài*
a máscara de oxigênio *yǎngqìmiànzhào*
o enjôo causado pelo vôo *yūnjī*
a bandeja *pánzi*

VIAGENS LǙXÍNG

a janela *chuāngkǒu*
a asa *yì*
a aterrissagem *zhuólù*
a partida *líkāi*
a chegada *dàodá*
o táxi *chūzūchē*
o carro *qìchē*
o ônibus *gōnggòngqìchē*
o trem *huǒchē*
a tarifa *chēfèi*
a gorjeta *xiǎofèi*
o hotel *lǚguǎn*
a reserva *yùdìng*
o quarto simples, duplo
   dānrénfángjiān, shuāngrénfángjiān
o elevador *diàntī*
a chave *yàoshi*
o número do quarto *fángjiānhào*
o banheiro *wèishēngjiān*
o guia *dǎoyóu*
o sol *tàiyang*
a chuva *yǔ*
o guarda-chuva *yǔsǎn*
a neve *xuě*

* * *

molhado *shī*
seco *gānzào*
caro *guì*
barato *piányi*
quente *rè*
muito quente *tàng*
frio *lěng*
gelado *bīngde*

3.500 PALAVRAS EM CHINÊS

chuvoso *xiàyǔ*
ventoso *yǒufēng*
ensolarado *qínglǎng*
perto *jìn*
longe *yuǎn*
pesado *zhòngde*
leve *qīngde*
turístico *lǚyóudiǎn*
rápido *kuài*
devagar *màn*
* * *
viajar *lǚyóu*
tomar o avião *chéngfēijī*
voar *fēi*
tirar férias *fàngjià*
reservar *yùdìng*
confirmar *quèdìng*
cancelar *qǔxiāo*
despachar *tuōyùn*
apertar o cinto *kòushàngānquándài*
passar pela alfândega *hǎi guānjiǎnchá*
declarar *shēnbào*
pedir informações *xúnwèn*
alugar *zū*
visitar *yóulǎn*
chamar *jiào*
passear *guàng*
chover *xiàyǔ*
nevar *xiàxuě*
gelar *dòngjié*
contratar *pìnqǐng*

VIAGENS LǙXÍNG

De Barco *zuòchuán*

a companhia de navegação
hángyùn gōngsī
um cruzeiro *yóulún*
o porto *gǎngkǒu*
o cais *mǎtóu*
o estaleiro *zàochuán chǎng*
o armazém *cāngkù*
o quebra mar *fángbōdī*
o barco *xiǎochuán*
o navio *lúnchuán*
o cargueiro *huòlún*
o rebocador *tuōchuán*
o barco salva-vidas *jiùshēng tǐng*
o colete salva-vidas *jiùshēngyī*
o salão *xiūxīshì*
o bar *jǐubā*
sala de jantar *fàntīng*
a sala de jogos *yóuxìshì*
o camarote *kècāng*
o beliche *shàngxiàpù*
a vigia *xiánchuāng*
a passarela *xiántī*
a escada *tīzi*
o convés *jiǎbǎn*
o capitão *shàng wèi*
o camaroteiro *fúwùyuán*
o marinheiro *shuǐshǒu*
a carga *huòwù*
o guindaste *qǐzhòngjī*
o baú *xiāngzi*
o farol *dēngtǎ*
o mar *hǎi*

11

3.500 PALAVRAS EM CHINÊS

a ilha *hǎidǎo*
a terra *lùdi*
o oceano *hǎiyáng*
a onda *bōlàng*
a maré *cháoxī*
a corrente *cháoliú*
a tempestade *fēngbào*
as nuvens *yún*
o céu *tiānkōng*
os destroços *cánhái*

* * *

enjoado por causa do navio *yùnchuán*
profundo *shēn*
raso *qiǎn*
agitado *bùpíngjìng*
liso *guānghuá*

* * *

embarcar *shàngchuán*
navegar *hángxíng*
afundar *chénmò*
remar *huáchuán*

De Trem *zuò huǒchē*

o trem *huǒchē*
a estação *huǒ chē zhàn*
a plataforma *zhàntái*
sala de espera *hòuchēshì*
o bufê *zìzhùcān*
a entrada *rùkǒu*
a saída *chūkǒu*
a bilheteria *shòupiàokǒu*
o depósito de bagagens *xínglishì*
a entrega *cúnfàng*

VIAGENS LǙXÍNG

a retirada *qǔhuí*
as informações *zīxúnchù*
banca de jornais *bàotíng*
o horário *shíjiānbiāo*
o chefe de estação *zhànzhǎng*
o carregador *bānyùngōng*
o çobrador *shòupiàoyuán*
a porta *mén*
a rede de bagagens *xíngli jī jià*
o assento *wèizi*
a janela *chuāngkǒu*
a cortina *chuānglián*
o estribo *tàbǎn*
o vagão-leito *wòpùchēxiāng*
o vagão-restaurante *cānchē*
o corredor *zǒuláng*
o compartimento *fēngéjiān*
os trilhos *tiěguǐ*
as agulhas *dàochà*
o sinal *xìnhào*
um dormente *guǐzhěn*
a via férrea *tiělù*
o pára-choque *huǎnchōngqì*
a carga *huòwù*
o túnel *suìdào*
a passagem de nível *shuǐpíng héngchuān*
* * *
perder o trem *cuò guò huǒchē*
partir *chūfā*
ter pressa *jímáng*
parar *tíngzhǐ*
esperar *děngdài*
estar atrasado *chídào*

3.500 PALAVRAS EM CHINÊS

De Carro   *zuò qìchē*

o motorista   *sī jī*
carteira de motorista   *jiàzhào*
o passageiro   *chéngkè*
o pedestre   *xíngrén*
a estrada   *lù*
a auto-estrada   *gāosùgōnglù*
o carro   *qìchē*
o caminhão   *kǎchē*
o ônibus   *gōnggòngqìchē*
a motocicleta   *mótuōchē*
a carroceria   *chēshēn*
o pára-choque   *fángzhuàngqì*
o pára-brisa   *dǎngfēngbōlí*
os limpadores de pára-brisa   *guāshuǐqì*
a roda   *lúnzi*
a calota   *gǔmào*
um pneu   *lúntāi*
o furo   *dòng*
o estepe   *qìchēbèitāi*
a pressão dos pneus   *lúntāi qìyā*
o macaco   *qiānjīndǐng*
o porta-malas   *qìchēxínglicāng*
as portas   *chēmén*
a placa   *chēpái zhào*
a fechadura   *suǒ*
a maçaneta   *ménshǒubǎ*
os bancos   *wèizi*
o cinto de segurança   *ānquándài*
o capô   *chētóu gài*
o volante   *fāngxiàngpán*
o botão   *xuánniǔ*
o afogador   *zǔqì*

14

VIAGENS LǙXÍNG

o pisca-pisca *fāngxiàngdēng*
chave de ignição *diǎnhuǒkāiguān*
os pedais *jiǎotàbǎn*
os freios *shāchē*
o breque de mão *shǒu shāchē*
o acelerador *jiāsùqì*
a embreagem *líhéqì*
o câmbio *biànsùxiāng*
a alavanca de marchas *biànsùgǎn*
as marchas *páidàng*
a ré *dàochē*
a buzina *lǎba*
o interruptor *kāiguān*
o velocímetro *chēsùbiǎo*
a velocidade *sùdù*
os faróis *chēdēng*
o tanque *yóuxiāng*
a gasolina *qìyóu*
um posto de gasolina *jiāyóuzhàn*
a bomba de gasolina *qìbèng*
o motor *yǐnqíng*
a vareta do óleo *liàngyóujì*
o óleo *yóu*
as velas *huǒhuāsāi*
os cilindros *yǐnqíngyuántǒng*
o cabeçote *tóu*
as válvulas *fámén*
o carburador *qìhuàqì*
o radiador *fúshèqì*
a ventoinha *fēngshàn*
a correia *chuándòngdài*
a bateria *diànchí*
os amortecedores *jiǎnzhènqì*

3.500 PALAVRAS EM CHINÊS

as molas *tánhuáng*
a suspensão *xuánguà*
a transmissão *chuánshū*
o escapamento *páiqì guǎn*
o estacionamento *tíngchēchǎng*
um acidente de carro *chēhuò*
a pane *gùzhàng*
o vazamento *xièlòu*
o mecânico *jīxiègōng*

* * *

potente *qiángyǒulì*
rápido *kuài*
devagar *màn*
cheio *mǎn*
vazio *kōng*
seguro *ānquán*
perigoso *wēixiǎn*
escorregadio *huá*
seco *gānzào*
molhado *shī*
conversível *chǎngpéngchē*
errado *cuòwù*
certo *zhèng què*
novo *xīn*
usado *jiù*

* * *

dar partida *qǐdòng*
dirigir *kāichē*
acelerar *jiāsù*
brecar *shāchē*
parar *tíngzhǐ*
estacionar *bóchē*
mudar as marchas *huàndàng*

VIAGENS LǙXÍNG

virar   *zhuǎn*
reduzir a velocidade   *jiǎnsù*
ultrapassar   *chāochē*
derrapar   *liū*
guinar   *tūránzhuǎnxiàng*
guinchar   *qiānyǐn*
quebrar   *pāomáo*
consertar   *xiūlǐ*
verificar   *jiǎnchá*
encher o tanque   *jiāyóu*
bater   *zhuàngchē*

FÉRIAS
JIÀQĪ

No Hotel zài lǚguǎn

o hotel *lǚguǎn*
a recepção *fúwùtái*
o elevador *diàntī*
o andar *lóucéng*
a chave *yàoshi*
um quarto *fángjiān*
a cama *chuáng*
a cama de casal *shuāngrénchuáng*
o lençol *chuángdān*
o travesseiro *zhěntóu*
o colchão *chuángdiàn*
o cobertor *tǎnzi*
a cômoda *chúguì*
a gaveta *chōuti*
o armário *chúguì*
o cabide *yī jià*
o espelho *jìngzi*
a lâmpada *dēng*
a mesa *zhuō zi*
a cadeira *yǐzi*
a poltrona *fúshǒuyǐzi*
o banheiro *wèishēngjiān*
a ducha *línyù*
a pia *shuǐchí*
a privada *mǎtǒng*
a descarga *chōushuǐmǎtǒng*
a torneira *shuǐlóngtóu*
a água *shuǐ*

FÉRIAS JIÀQĪ

a toalha   *máojīn*
o sabão   *féizào*
a escova de dente   *yáshuā*
a pasta de dente   *yágāo*
o cinzeiro   *yānhuīgāng*
a bandeja   *pánzi*
a tomada   *chāzuò*
o café da manhã   *zăocān*
o almoço   *wŭcān*
o jantar   *wăncān*

* * *

espaçoso   *kuānchăng*
grande   *dà*
pequeno   *xiăo*
confortável   *shūshì*
agradável   *yírén*
feio   *chŏu*
horrível   *kěpà*
chique   *shímáode*

* * *

descansar   *xiūxi*
sentar   *zuò*
dormir   *shuìjiào*
sonhar   *zuò mèng*
comer   *chī*
puxar   *lā*
empurrar   *tuī*

No Restaurante   *zài cānguăn*

o restaurante   *cānguăn*
o porteiro   *ménfáng*
porta giratória   *zhuànmén*
o terraço   *yángtái*

3.500 PALAVRAS EM CHINÊS

o bar   *jiǔ bā*
o balcão   *guìtái*
o barman   *jiǔbǎo*
a garçonete   *jiǔ bā nǚshì*
uma cadeira de bar   *jiǔbādèngzi*
o maitre   *lǐngbān*
o garçom   *shìzhé*
a bandeja   *pánzi*
a garçonete   *nǚfúwùyuán*
a mesa   *zhuō zi*
a cadeira   *yǐzi*
a toalha de mesa   *zhuōbù*
o guardanapo   *cānjīn*
o garfo   *chāzi*
a faca   *dāozi*
a colher   *tiáogēng*
o prato   *pánzi*
um copo   *bēizi*
uma jarra   *shuǐhú*
um bule de chá   *cháhú*
a manteigueira   *huángyóudié*
o açucareiro   *tángguàn*
o cesto de pão   *miànbāolánzi*
o pires   *dié*
a xícara   *bēizi*
o menu   *càidān*
a lista dos vinhos   *pútáojiǔmíngdān*
a refeição   *cān*
a bebida   *yǐnliào*
um canudo   *xīguǎn*
um palito de dente   *yáqiān*
a garrafa   *píng*
o saca-rolhas   *básāiluóxuán*

FÉRIAS   JIÀQĪ

a rolha   *sāizi*
o cozinheiro   *chúshī*
o aperitivo   *kāi wèi jiǔ*
o prato   *pánzi*
a salada   *shālā*
o hors d'oeuvre   *lěngpán*
a sobremesa   *cānhòutiándiǎn*
a comida   *shíwù*
a conta   *zhàng dān*
a gorjeta   *xiǎo fèi*

Comida   *shíwù*

a carne   *ròu*
carne bovina   *niúròu*
um bife   *niúpái*
carne de porco   *zhūròu*
a costeleta   *páigǔ*
carne de cordeiro   *yáng ròu*
o carneiro   *yáng*
o rim   *yāozi*
o fígado   *gānzàng*
o presunto   *huǒtuǐ*
o frango   *jī*
o pato   *yāzi*
o ganso   *é*
a perdiz   *zhè*
o faisão   *zhì*
a salsicha   *làcháng*
a carne assada   *kǎo ròu*
a carne cozida   *zhǔròu*
o guisado   *zá huì*
a língua   *shétóu*
o escargô   *wōniú*

3.500 PALAVRAS EM CHINÊS

a rã   *qīngwā*
o peixe   *yú*
a pescada   *huángyú*
o bacalhau   *xuě yú*
a enguia   *mányú*
o atum   *jīnqiāngyú*
o arenque   *fēiyú*
a sardinha   *shādīngyú*
a truta   *zūnyú*
o linguado   *tǎ*
os mariscos   *bèilèi*
os camarões   *xiā*
as ostras   *mǔlì*
os mexilhões   *dàn cài*
a lula   *mùyú*
o polvo   *zhāngyú*
a lagosta   *lóngxiā*
o caranguejo   *pángxiè*
os legumes   *shūcài*
o milho   *yùmǐ*
o arroz   *mǐ*
a batata   *tǔdòu*
o feijão   *dòu*
o repolho   *juǎnxīncài*
a cenoura   *húluóbó*
o tomate   *fānqié*
o pepino   *huángguā*
a beterraba   *tiáncài*
o couve-flor   *huāyēcài*
o aspargo   *lúsǔn*
a alface   *shēngcài*
o alho-poró   *jiǔcōng*
a cebola   *cōng*

FÉRIAS JIÀQĪ

a vagem *biǎndòu*
a ervilha *sìjìdòu*
o espinafre *bōcài*
o cogumelo *mógū*
o rabanete *hóngluóbó*
as frutas *shuǐguǒ*
o abacaxi *bōluó*
a banana *xiāngjiāo*
a uva *pútáo*
a maçã *píngguǒ*
a laranja *chénzi*
a mexerica *júzi*
o melão *guā*
a melancia *xīguā*
o morango *cǎoméi*
o figo *wúhuāguǒ*
o grapefruit *yòuzi*
a groselha *tángjiāng*
a framboesa *fùpéngzi*
a amora *hēiméizi*
a cereja *yīngtáo*
o pêssego *táozi*
a pêra *lí*
o damasco *xìng zi*
a amêndoa *xìngrén*
a tâmara *yēzǎo*
a ameixa *lǐzi*
o caroço *hé*
a bebida *yǐnliào*
a pedra de gelo *bīng kuài*
a água *shuǐ*
a água mineral *kuàngquánshuǐ*
o suco de fruta *guǒzhī*

3.500 PALAVRAS EM CHINÊS

o refrigerante *lěngyǐn*
o vinho *pútaojiǔ*
o champanhe *xiāng bīn*
a cerveja *píjiǔ*
a cidra *guǒjiǔ*
a limonada *níngméngshuǐ*
a laranjada *júzishuǐ*
a bebida alcoólica *jiǔ*
a bebida não alcoólica *fēijiǔjīngyǐnliào*
um licor *lìkǒujiǔ*
um conhaque *báilándijiǔ*
um gim *dùsōngzijiǔ*
um vinho doce *tiánpútaojiǔ*
o whisky *wēishìjìjiǔ*
o leite *niúnǎi*
o café *kāfēi*
o chá *chá*
o chocolate *qiǎokèlì*
o sal *yán*
a pimenta *hújiāo*
a mostarda *jiè*
o vinagre *cù*
o óleo *yóu*
o molho *jiàng*
a manteiga *huángyóu*
o creme *nǎiyóu*
a margarina *rénzàohuángyóu*
o pão *miànbāo*
o filão *dà miànbāo*
o pão de forma *qiēpiànmiànbāo*
um pãozinho *xiǎomiànbāo*
a fatia *piàn*
as migalhas *miànbāo xiè*

24

FÉRIAS JIÀQĪ

a massa *miànzhìpǐn*
a farinha *miànfěn*
o ovo *dàn*
o bolo *dàngāo*
a torta *xiànbǐng*
o bolo inglês *yīngshìdàngāo*
a rosquinha *yóuzháquānbǐng*
a bomba *nǎiyóudàngāo*
o bolinho *xiǎodàngāo*
o bolo de arroz *cí*
a omelete *jiāndànjuǎn*
o queijo *rǔlào*
a bolacha *bǐnggān*
as fritas *shǔtiáo*
a sopa *tāng*
o caldo *tāng*
os temperos *tiáowèipǐn*
o alho *dàsuàn*
a cebolinha *cōng*
o sanduíche *sānmíngzhì*
o lanche *kuàicān*
o sorvete *bīngqílíng*
a geléia *guǒjiàng*
a sede *kǒukě*
a fome *è*
o regime *jiēsí*
frito *yóuzhá*
cozido *shuǐzhǔ*
mal passado *jiāshēng*
pouco passado *kǎonènyidiǎn*
ao ponto *zhènghǎo*
bem passado *kǎolǎoyidiǎn*
assado *kǎo*

3.500 PALAVRAS EM CHINÊS

grelhado *jiānkǎo*
cru *shēng*
gostoso *hǎochīde*
delicioso *měi wèide*
bom *hǎo*
ruim *huài*
macio *ruǎn*
duro *jiānyìng*
maduro *shútòu*
saudável *jiànkāng*
doce *tián*
amargo *kǔ sè*
azedo *suān*
fresco *xīnxiān*
podre *fǔlàn*
gorduroso *yóunì*

* * *

cozinhar *pēngrèn*
ferver *zhǔfèi*
fritar *zhá*
assar *shāokǎo*
grelhar *jiānkǎo*
preparar *zhǔnbèi*
cortar *qiē*
descascar *bāo*
queimar *shāojiāo*
comer *chī*
experimentar *pǐncháng*
mastigar *zǔ jiáo*
engolir *tūnyān*
gostar *xǐhuān*
digerir *xiāohuà*
beber *hē*

FÉRIAS JIÀQĪ

bebericar *chuò*
estar com fome *è le*
estar com sede *kě le*
morrer de fome *è sǐ le*
engordar *fāpàng*
emagrecer *xiāo shòu*
servir *fúwù*
servir-se *zìzhù*

COMPRAS
Gòuwù

um shopping center gòuwùzhōngxīn
a loja shāngdiàn
o grande magazine bǎihuògōngsī
a drogaria yàofáng
a joalheria shǒushìdiàn
a padaria miànbāodiàn
o açougue ròudiàn
a papelaria wénjùshāngdiàn
a mercearia shípǐnzáhuòdiàn
a loja de ferragens wǔjīndiàn
a livraria shūdiàn
o supermercado chāoshì
a confeitaria shípǐnchǎng
a lavanderia xǐyīdiàn
a loja de roupas fúzhuāngshāngdiàn
a tabacaria yāncǎoshāng diàn
a floricultura huādiàn
a loja de discos, cd
    chàngpiànshāngdiàn, guāngpánshāngdiàn
o cabeleireiro měifàshī
o barbeiro lǐfàshī
o chaveiro suǒjiàng
o sapateiro xiéjiàng
o encanador shuǐnuǎngōng
o pintor yóuqīgōng
o eletricista diàngōng
o marceneiro mùjiàng
o balcão guìtái
a vitrine chúchuāng

COMPRAS GÒUWÙ

a exposição *chénliè*
a caixa *shōufèichù*
a mercadoria *huò*
o produto *chǎnpǐn*
o artigo *yòngpǐn*
a liquidação *zhéjià*
a pechincha *tǎojiàhuánjià*
o vendedor *shòuhuòyuán*
a vendedora *nǚ shòuhuòyuán*
o comerciante *shāngrén*
o freguês *gùkè*
o dinheiro *qián*
a nota *zhǐbì*
a moeda *yìngbì*
o troco *zhǎoqián*
o talão de cheque *zhīpiàobù*
o cheque *zhīpiào*
o cartão de crédito *xìnyòngkǎ*
o pacote *bāoguǒ*
o saco de compras *bāo*
comprar *mǎi*
vender *mài*
escolher *xuǎnzé*
mostrar *zhǎnshì*
atender *fúwù*
encomendar *dìnggòu*
entregar *tóudì*
embrulhar *dǎbāo*
pesar *chēng*

Roupas *yīshang*

a meia *wàzi*
meias de mulher *chángwà*

3.500 PALAVRAS EM CHINÊS

a meia-calça   *liánkùwà*
o chinelo   *tuōxié*
o sapato   *xiézi*
a bota   *xuēzi*
o tênis   *qiúxié*
as sandálias   *liángxié*
a ponta   *jiān*
a biqueira   *xiéjiān*
os laços   *xiédài*
os ilhoses   *xiédàikŏng*
a lingüeta   *xiéshé*
as costuras   *féng*
o salto   *gāogēn*
a sola   *xiédĭ*
a roupa de baixo   *nèiyī*
a cueca   *nánshìnèikù*
a calcinha   *nŭshìnèikù*
o sutiã   *xiōngzhào*
a camiseta   *chènshān*
a calça   *kùzi*
o bolso   *kŏudài*
a braguilha   *kùzilāliàn*
a prega   *zhéhén*
o cinto   *yāodài*
a fivela   *dàikòu*
os suspensórios   *bēidài*
a saia   *qúnzi*
o vestido   *liányīqún*
a camisa   *chènshān*
o punho   *xiùkŏu*
a gravata   *lĭngdài*
a gravata borboleta   *lĭngjié*
o terno   *xīzhuāng*

COMPRAS GÒUWÙ

a blusa *nǚchènshān*
a malha *máoyī*
a gola *lǐng*
o cachecol *wéijīn*
o lenço de pescoço *shājīn*
o lenço de nariz *shǒupà*
o colete *bèixīn*
o botão *niǔkòu*
a casa de botões *kòuyǎn*
o zíper *lā liàn*
o macacão *bēidàikù*
o avental *wéiqún*
o casaco *wàitào*
o casaco de pele *máopídàyī*
o paletó *biànzhuāng*
a capa de chuva *yǔyī*
o chapéu *màozi*
o chapéu coco *tóngpénmào*
o boné *yāshémào*
a boina *bèiléimào*
as luvas *shǒutào*
o pijama *shuìyī*
a camisola *nǚ shuì páo*
o roupão *chényī*
a roupa de banho *yóuyǒngyī*
as mangas *xiùzi*
o colarinho *yīlǐng*
a costura *féng*
a bainha *bǎi*
o forro *chènlǐ*
o tecido *bùliào*
o tamanho *dàxiǎo*
o algodão *miánhuā*

3.500 PALAVRAS EM CHINÊS

a lã *yángmáo*
a seda *sīchóu*
o linho *yàmá*
o bordado *cìxiù*
a renda *huābiān*
a linha *xiàn*
o dedal *dǐngzhēn*
o carretel *dìngzi*
a agulha *zhēn*
o alfinete *biézhēn*
a tesoura *jiǎndāo*

* * *

grande *dà*
pequeno *xiǎo*
apertado *jǐn*
estreito *xiázhǎi*
largo *féidà*
curto *duǎn*
comprido *cháng*
elegante *yōuyǎ*
na moda *shímáo*
clássico *gǔdiǎn*
moderno *xiàndài*
atualizado *zuìxīn*
desatualizado *guòshí*
estampado *yìnhuā*
liso *dānsède*
listrado *xiàntiáode*
manchado *wūdiǎn*
rasgado *pò*
pregueado *dǎzhěde*
vestir *chuāndài*
vestir-se *chuāndài*

COMPRAS GÒUWÙ

despir-se *tuōyīfu*
pôr *dài*
experimentar *shìyī*
estar do tamanho certo *héshēn*
ficar bem *héshì*
lavar *xǐdí*
encolher *xuǎnzé*
passar *tàng*
rasgar *sī*
furar *chuān*
costurar *féngrèn*
abainhar *qiàobiān*
remendar *xiūbǔ*
pregar *dīng*
tingir *rǎnsè*

Som *yīnxiǎng*

o disco *chàngpiàn*
a fita *cídài*
o compact-disco *guāngpán*
a música *yīnyuè*
a melodia *xuánlǜ*
a canção *gēqǔ*
um sucesso *chénggōng*
o compositor *zuòqǔjiā*
o cantor *gēshǒu*
a voz *shēngyīn*
o regente *zhǐhuī*
o coro *héchàngtuán*
a orquestra *jiāoxiǎngyuètuán*
o grupo *yuèduì*
o músico *yīnyuèjiā*
o piano *gāngqín*

3.500 PALAVRAS EM CHINÊS

o violino *xiǎotíqín*
a trombeta *lǎba*
a flauta *chángdí*
o saxofone *sàkèguǎn*
o violão *jíta*
o contrabaixo *dīyīntíqín*
a trompa *Fǎguóhào*
o tambor *dàgǔ*
a bateria *juéshìgǔ*
o tocador *qínshī*
um toca-CD *bōfàngjī*
o sintonizador *tiáoxiéqì*
o amplificador *kuòyīnqì*
o toca-fitas *bōfàngjī*
o gravador *lùyīnjī*
um aparelho de som *lìtǐshēngzhuāngzhì*

* * *

lento *màn*
rápido *kuài*
quente *rèmén*
legal *kù*
agradável *yuèěr*
escutar *shōutīng*
tocar *yǎnzòu*
gravar *guàn*

Livros **shūjí**

o livro *shū*
o livro de bolso *xiùzhēnshū*
o dicionário *zìdiǎn*
o atlas *dìtúcè*
o romance *xiǎoshuō*
o título *shūmíng*

COMPRAS GÒUWÙ

o escritor *zuòjiā*
o poeta *shīrén*
o editor *chūbǎnshāng*
a crítica *shūpíng*
o crítico *pínglùnjiā*
o conto *duǎnpiānxiǎoshuō*
a história *gùshi*
a ficção *xūgòuxiǎoshuō*
a não-ficção *fēixiǎoshuōlèizuòpǐn*
a poesia *shīgē*
a tradução *yìwén*
a capa *shūpí*
a sobrecapa *shūdefēngmiàn*
a orelha *shūjíshuōmíng*
a encadernação *zhuāngdìng*
a lombada *shūbèi*
o capítulo *zhāngjié*
a letra minúscula *xiǎoxiě*
a letra maiúscula *dàxiě*
a página *yè*
um parágrafo *duàn*
a margem *biān*
o espaçamento *jiānjù*
a linha *háng*
a palavra *cí*
a impressão *yìnshuā*
a trama *jùqíng*
o personagem *rénwù*
o estilo *wénfēng*
a obra prima *jiézuò*
* * *
capa-dura *jīngzhuāngshū*
grosso *hòu*

3.500 PALAVRAS EM CHINÊS

esgotado shòuwán
interessante yǒuqù
engraçado hǎowán
triste bēiqiè
dramático xìjùxìng
chato méijìn
emocionante kòurénxīnxián

* * *
ler yuèdú
escrever xiě
descrever miáoshù
contar jiǎngshù

Tabaco **yāncǎo**

um cigarro xiāngyān
o filtro guòlǜqì
um maço yībāoyān
a caixa xiāngzi
a marca pǐnpái
um charuto xuě jiā
o corta-charutos xuějiāqiēxiāodāo
o cachimbo yāndǒu
o fornilho yānguō
o tubo guǎnzi
a boquilha yānzuǐ
o raspador guābǎn
a piteira yānzuǐ
os fósforos huǒchái
o isqueiro dǎhuǒjī
a pedra shítou
o cinzeiro yānhuīgāng
a fumaça yān
fumar chōuyān

COMPRAS GÒUWÙ

acender *diǎnhuǒ*
apagar *mì*

Lavanderia *xǐyīdiàn*

a limpeza a seco *gānxǐ*
a máquina de lavar *xǐyījī*
a máquina de secar *hōnggānjī*
o sabão em pó *féizàofěn*
a mancha *wūdiǎn*
a goma *diànfěn*
o ferro de passar *yùndǒu*

* * *
molhado *shīlínlín*
seco *gān*
passado *bǐtǐng*
amarrotado *nòngzhòu*

* * *
lavar *xǐdí*
limpar *qīngxǐ*
secar *shàigān*
passar *tàng*
molhar *nòngshī*
encharcar *shītòu*
engomar *jiāng*

Fotografia *shèyǐng*

a máquina fotográfica *zhàoxiàngjī*
o estojo *hézi*
a correia *pídài*
o tripé *sānjiǎojià*
o flash *shǎnguāngdēng*
o fotômetro *cèguāngqì*
o telêmetro *cèjùyí*

3.500 PALAVRAS EM CHINÊS

o visor *qǔ jǐng qì*
o obturador *kuàimén*
o disparador *kuàiménniǔ*
o disparador automático *zìdòngdìngshíqì*
o dispositivo de tempo de exposição
　　kuàiménsùdùbōhàopán
o sincronizador *tóngbùzhuāngzhì*
o regulador de diafragma *mópiànyuánhuán*
a chave de inversão *niǔzhuǎn de gànggǎn*
a lente *jìngtóu*
o anel *yuánhuán*
o diafragma *guāngquān*
o fole *ànxiāng*
a focalização *jiāodiǎn*
a alavanca *gànggǎn*
o botão *ànniǔ*
a filmadora *shèyǐngjī*
o filme *jiāojuǎn*
o slide *huàndēng*
preto e branco *hēibái*
um rolo *juǎn*
o carretel *juǎnzhóu*
o tamanho *dàxiǎo*
o negativo *dǐpiàn*
a ampliação *fàngdà*
a revelação *chōngxǐ*
a cópia *fùyìnjiàn*
a fotografia *xiàngpiàn*
um aparelho de DVD *yǐngdiéjī*
o CD, DVD *diépiàn*

COMPRAS GÒUWÙ

* * *
ampliar *fàngdà*
revelar *chōngxǐ*
fotografar *zhàoxiàng*

Jóias *zhūbǎo*

o relógio *shǒubiǎo*
o colar *xiàngliàn*
o pingente *xiàngliànzhuì*
a medalha *jiǎngpái*
o brinco *ěrhuán*
o anel *jièzhi*
a aliança *jiéhūnjièzhi*
a pulseira, o bracelete *shǒuzhuó, wǎnzhuó*
um broche *xiōngzhēn*
a abotoadura *xiùkòu*
a pedra preciosa *bǎoshí*
o diamante *zuànshí*
a esmeralda *lǜbǎoshí*
o rubi *hóngbǎoshí*
a safira *lánbǎoshí*
a prata *yínzi*
o ouro *jīnzi*
a pérola *zhēnzhū*
o joalheiro *zhūbǎoshāng*
* * *
lapidar *qiēxiāo*
avaliar *zuòjià*

Correio e Telefone *yóujú hé diànhuà*

a caixa de correio *yóuxiāng*
a carta *xìnjiàn*

3.500 PALAVRAS EM CHINÊS

o cartão postal *míngxìnpiàn*
o envelope *xìnfēng*
a aba *yán*
a borda *biān*
o papel *zhǐzhāng*
o cabeçalho *biāotí*
o selo *yóupiào*
a franquia *yóufèi*
o endereço *dìzhǐ*
o telegrama *diànbào*
um pacote *bāoguǒ*
o carteiro *yóudìyuán*
o correio *yóujú*
o vale postal *huìpiào*
o recolhimento *shōují*
a distribuição de correio eletrônico
    diànziyóujiànchuánsòngfúwù
o telefone *diànhuà*
o celular *shǒujī*
o receptor *diànhuàtīngtǒng*
o transmissor *huàtǒng*
o teclado *bōhàopán*
a cabine telefônica *diànhuàtíng*
a chamada *diànhuà*
o número *diànhuàhàomǎ*
o código de região *qūhào*
a linha *diànhuàxiàn*
a lista telefônica *diànhuàbù*
a resposta *dáfù*
* * *
registrado *guàhào*
ocupado *zhànxiàn*
livre *chàngtōng*

COMPRAS GÒUWÙ

interurbano *chángtú*
local *dìqūxìng*
a cobrar *shòuhuàrénfùkuǎndediànhuà*

* * *

mandar *yóujì*
postar *fāxìn*
receber *shōu*
recolher *shōují*
entregar *tóudì*
telefonar *dǎdiànhuà*
conversar *tōnghuà*
discar *bōhào*
responder *jiēdiànhuà*
desligar *guàdiànhuà*
tocar *diànhuàlíngshēng*

Supermercado *chāojíshìchǎng*

a lata *guàntou*
a garrafa *píng*
a caixa *xiāngzi*
um pacote *bāoguǒ*
a fruta *shuǐguǒ*
os legumes *shūcài*
a carne *ròu*
os laticínios *nǎizhìpǐn*
os produtos de limpeza *qīngjiéyòngpǐn*

Papelaria *wénjùdiàn*

o papel *zhǐzhāng*
o papel de embrulho *bāozhuāngzhǐ*
o caderno *běnzi*
o bloco de papel *yìdiézhǐ*
uma folha *yīzhāngzhǐ*

3.500 PALAVRAS EM CHINÊS

um envelope *xìnfēng*
a caneta esferográfica *yuánzhūbǐ*
a caneta-tinteiro *gāngbǐ*
a carga *bǐxīn*
um lápis *qiānbǐ*
a lapiseira *huódòng qiānbǐ*
o apontador (de lápis) *xiāoqiānbǐdāo*
a régua *chǐzi*
a tinta *mòshuǐ*
o mata-borrão *xīmòzhǐ*
a borracha *xiàngpí*
a cola *jiāoshuǐ*
os percevejos *túdīng*
o clipe *huánxíngzhēn*
a tesoura *jiǎndāo*
o grampo *dìngshūzhēn*
um grampeador *dìngshūjī*
o carimbo *yìntái*

Drogaria *yàofáng*

o farmacêutico *yàojìshī*
a receita *chǔfāng*
o medicamento *yào*
a pomada *yàogāo*
os comprimidos *yàopiàn*
as pastilhas *hóupiàn*
o esparadrapo *xiàngpígāo*
o algodão *miánhuā*
a gaze *shābù*
a atadura *bēngdài*
o creme *xuěhuāgāo*
a loção *yàoshuǐ*
o perfume *xiāngshuǐ*

COMPRAS GÒUWÙ

um desodorante *xiāngtǐlù*
o creme de barbear *tìxūzào*
o barbeador *tìdāo*
a lámina *dāopiàn*
a pasta de dente *yágāo*
a escova de dente *yáshuā*
a escova *shuāzi*
o pente *shūzi*
a lixa *zhǐjiácuò*
a maquilagem *huàzhuāng*
o batom *chúngāo*
o esmalte *zhǐjiáyóu*
o grampo de cabelo *fà jiā*
a fivela *fàkòu*
o creme de bronzear *shǐpífūyōuhēideshuāng*
o sabão *xiāngzào*

Ferragens *wǔjīnshāngdiàn*

a ferramenta *gōngjù*
o martelo *chuízi*
a enxada *chú*
a picareta *gǎo*
a furadeira *zuànkǒngjī*
a broca *mùgōngzuàn*
o trado *shǒuzuàn*
a plaina *bàozi*
a chave de fenda *luósīdāo*
uma chave de parafusos *bānshǒu*
um alicate *qiánzi*
a lima *cuòdāo*
o buril *záozi*
a tinta *yóuqī*
a pistola de tinta *pēnqiāng*

3.500 PALAVRAS EM CHINÊS

a lata   *guàn*
o tubo   *guǎnzi*
o pincel, a broxa   *shuāzi*
o cavalete   *huàjià*
a paleta   *dǎníbǎn*
a raspadeira   *guābǎn*
o prego   *dīngzi*
o parafuso   *luósī*
a porca   *luómǔ*
a cavilha   *xiāodīng*
o filete de rosca   *xuán*
a cabeça   *tóu*
a borboleta   *diéxíngluómǔ*
a arruela   *luómǔdiànquān*
a pá   *chǎnzi*
a trolha   *nídāo*
a serra   *jùzi*
a escada   *jiētī*
a mangueira   *guǎnzi*
um regador   *sǎshuǐhú*
um balde   *shuǐtǒng*
a vassoura   *tiáozhǒu*

Flores   **xiānhuā**

o buquê   *huāshù*
a pétala   *huābàn*
o caule   *gěng*
o espinho   *cì*
o broto   *bèilěi*
a orquídea   *lánhuā*
a rosa   *méiguì*
a margarida   *chújú*
a tulipa   *yùjīnxiāng*

COMPRAS GÒUWÙ

o cravo *shízhú*
o junquilho *huángshuǐxiān*
um lilás *dīngxiāng*
um lírio *bǎihé*
o aroma *xiāngjīng*

* * *

florescer *kāihuā*
murchar *diāoxiè*

NA PRAIA
ZÀI HĂIBĪN

a praia   *hăitān*
a areia   *shāzi*
o seixo   *luănshí*
a duna   *shāqiū*
o mar   *hăi*
o oceano   *hăiyáng*
a costa   *hăiàn*
a península   *bàndăo*
a baía   *hăiwān*
um banco de areia   *àntān*
um estuário   *găngwān*
a ressaca   *huítóuglàng*
a lagoa   *chítáng*
a areia movediça   *liúshā*
a onda   *bōlàng*
a maré   *làngcháo*
o rio   *hé*
a margem   *biānyuán*
a cachoeira   *pùbù*
a roupa de banho   *yŏngyī*
a toalha   *máojīn*
a esteira   *liángxí*
o guarda-sol   *tàiyángsăn*
a cadeira de praia   *tăngyĭ*
os óculos de sol   *tàiyángjìng*
o chapéu de palha   *căomào*
a concha   *bèiké*
o balde   *tŏng*

46

NA PRAIA ZÀI HAIBĪN

a pá *chǎnzi*
o castelo de areia *shāzichéngbǎo*
o veleiro *fānchuán*
a cabina *chuáncāng*
o leme *chuánduò*
a quilha *lónggǔ*
o mastro *wéigān*
a vela *fēngfán*
a lancha *mótuōtǐng*
o motor de popa *chuánwàimǎdá*
a canoa *dúmùzhōu*
o remo *jiǎng*
a bóia *fúbiāo*
o peixe *yú*
a pesca *yúyè*
a rede *yúwǎng*
a vara de pescar *yúgān*
a linha de pescar *yúxiàn*
o anzol *yúgōu*
o esqui aquático *huáshuǐ*
a prancha de surfe *chōnglàngbǎn*
a roupa de mergulho *qiánshuǐfú*
* * *
limpo *jiéjìng*
sujo *bùgānjìng*
transparente *qīngchè*
turvo *húnzhuó*
poluído *wūrǎn*
nadar *yóuyǒng*
brincar *wánshuǎ*
tomar banho *mùyù*
mergulhar *qiánshuǐ*

3.500 PALAVRAS EM CHINÊS

bronzear *shàihēi*
pular *tiàoyuè*
pescar *bǔyú*
pegar *bǔlāo*

NA MONTANHA
ZÀI SHĀNSHÀNG

a montanha *shān*
a vertente, a encosta *shānpō*
a saliência *shānluán*
a falha *kòngxì*
o pico *shāndiān*
a crista *shānlǐng*
a serra *shānmài*
o maciço *shānluán*
a escarpa *dŏupō*
o penhasco *qiàobì*
o precipício *yá*
a passagem *tōngdào*
a cratera *huŏshānkŏu*
o vulcão *huŏ shān*
a trilha *xiăodào*
o cume *shāndĭng*
a neve *xuĕ*
o gelo *bīng*
a geleira *bīngchuān*
o alpinista *dēngshānduìyuán*
o esquiador *huáxuĕzhĕ*
o patinador *liūbīngzhĕ*
o trenó *xuĕqiāo*
o esqui *huáxuĕ*
o bastão *huáxuĕgān*
os patins *bīngxié*
a pista de patinação *bīngchăng*
o teleférico *lănchē*
o elevador de esqui *huáxuĕdiànlănchē*

3.500 PALAVRAS EM CHINÊS

o chalé *mùrénxiǎowū*
a estacão de esqui *huáxuěshèngdì*
o abrigo *bìnànchù*

* * *

alto *gāo*
baixo *ǎixiǎo*
frio *lěng*
gelado *bīnglěng*
glacial *bīngchuān*
para cima *shàngshēng*
para baixo *xiàlái*

* * *

deslizar *huá*
escorregar *liū*
saltar *tiàoyuè*
esquiar *huáxuě*
patinar *huábīng*
esquentar *wēn*
cair *shuāi*
levantar *qǐlai*
gear *jiéshuāng*
gelar *dòng*
derreter *rónghuà*

NA RUA
ZÀI JIĒDÀO

a rua *jiēdào*
a avenida *dàdào*
a praça *guǎngchǎng*
a calçada *rénxíngdào*
a borda *lùbiān*
a sarjeta *páishuǐgōu*
um bueiro *yīngōu*
o esgoto *xiàshuǐdào*
o trânsito *jiāotōng*
a poluição *wūrǎn*
o engarrafamento *jiāotōngzǔsè*
o sinal luminoso *hónglǜdēng*
os sinais de trânsito *lùbiāo*
o túnel *suìdào*
o cruzamento *shízìlùkǒu*
a faixa de pedestres *rénxíngdào*
a multidão *rénqún*
o pedestre *xíngrén*
o policial *jǐngchá*
um carro *jīdòngchē*
o ônibus *gōnggòngqìchē*
a caminhonete *huòchē*
o caminhão *kǎchē*
a motocicleta *mótuōchē*
a mobilete *mótuōchē*
a bicicleta *zìxíngchē*
o poste de luz *diànxiàngān*
a lata de lixo *lājīxiāng*
o cartaz *guǎnggào*

3.500 PALAVRAS EM CHINÊS

um edifício   *dàshà*
o arranha-céu   *mótiāndàlóu*
a casa   *fángzi*
a loja   *shāngdiàn*
o monumento   *jìniànbēi*
o museu   *bówùguǎn*
a igreja   *jiàotáng*
o templo   *miào*
a escola   *xuéxiào*
a universidade   *dàxué*
o correio   *yóujú*
uma caixa de correio   *yóutǒng*
a cabine telefônica   *diànhuàtíng*
o posto de gasolina   *jiāyóuzhàn*
o cinema   *diànyǐngyuàn*
o teatro   *jùyuàn*
o grande magazine   *bǎihuòshāngdiàn*
o hospital   *yīyuàn*
a banca de jornais   *bàotíng*
o parque   *gōngyuán*
a biblioteca   *túshūguǎn*
o bar   *jiǔbā*
o boteco   *kāfēiguǎn*
o restaurante   *cānguǎn*
a boate   *yèzǒnghuì*
o hotel   *lǚguǎn*
o banco   *yínháng*
o escritório   *bàngōngshì*
a agência   *bànshìchù*
uma estação de metro   *dìtiězhàn*
um ponto de ônibus   *qìchēzhàn*
o centro   *shìzhōngxīn*
o subúrbio   *shìjiāo*

NA RUA ZÀI JIĒDÀO

o bairro   *qū*
o cortiço   *pénghùqū*
a favela   *pínmínkū*

* * *

barulhento   *xuānnào*
tranqüilo   *ānjìng*
impressionante   *yìngxiàngshēnkè*
animado   *huópo*
charmoso   *yǒumèilìde*
perigoso   *wēixiǎn*
seguro   *ānquán*
agradável   *yírén*
histórico   *lìshǐshàng*

* * *

andar   *zǒu*
estar com pressa   *zháojí*
visitar   *guānguāng*
atravessar   *chuānguò*
parar   *tíngxià*
construir   *xiūzào*
demolir   *chāihuǐ*
proibir   *jìnzǐ*
sujar   *nòngzāng*
passear   *guàngjiē*

Diversões   *yúlè*

o cinema   *diànyǐngyuàn*
a bilheteria   *piàofáng*
o filme   *diànyǐng*
a estrela   *yǐngxīng*
o ator   *yǎnyuán*
a atriz   *nǚyǎnyuán*
o dublê   *tìshēnyǎnyuán*

3.500 PALAVRAS EM CHINÊS

o diretor   *dǎoyǎn*
o roteirista   *biāndǎo*
o roteiro   *jùběn*
a trama   *jùqíng*
o papel   *juésè*
a trilha   *yuèpǔ*
o filme de bang-bang   *niúzǎidiànyǐng*
a comédia   *xǐjù*
o drama   *xìqǔ*
um policial   *zhēntàndiànyǐng*
um filme de terror   *kǒngbùdiànyǐng*
um musical   *yīnyuèpiān*
um documentário   *jìlùpiān*
um desenho   *dònghuàpiān*
a dublagem   *pèiyīn*
as legendas   *zìmù*
os comerciais   *guǎnggàopiān*
a tela   *píngmù*
o lugar   *wèizi*
o espetáculo   *yiǎnchū*
a ribalta   *jiǎodēng*
o cenário   *fēngjǐng*
a platéia   *guānzhòng*
a fileira   *pái*
a cortina   *mùbù*
o palco   *wǔtái*
o teatro   *xìyuàn*
a peça   *xì*
o autor   *zuòjiā*
o ensaio   *páiliàn*
os bastidores   *bùjǐng*
o camarim   *huàzhuāngzhì*
o ponto   *tíshìzhě*

NA RUA ZÀI JIĒDÀO

o camarote *bāoxiāng*
o intervalo *mùjiānxiūxī*
o sucesso *chénggōng*
o fracasso *shībài*
a ópera *gējù*
o cantor *gēshǒu*
o balé *bālěi*
a dança *wǔdǎo*
o bailarino *wǔdǎoyǎnyuán*
o concerto *yīnyuèhuì*
a sala de concerto *yīnyuètīng*
a orquestra *jiāoxiāngyuèduì*
o regente *zhǐhuīzhě*
o músico *yīnyuèjiā*

* * *

emocionante *dòngrén*
chato *méijìn*
divertido *yǒuyìsi*
engraçado *hǎowán*
agradável *hǎotīng*
famoso *zhùmíng*
ao vivo *zhíbō*

* * *

representar *dàibiāo*
aplaudir *gǔzhǎng*
ver *guānkàn*
gostar *xǐhuān*
empolgar *zhènfèn*

NO CAMPO
ZÀI NÓNGCŪN

o campo xiāngcūn
a aldeia cūnzhuāng
a vila shìzhèn
a igreja jiàotáng
o campanário zhōnglóu
o pára-raios bìléizhēn
o sino zhōng
o pastor, pároco etc mùshī
o monge budista héshang
a praça guǎngchǎng
o chafariz pēnquán
a prefeitura shìzhèngtīng
o prefeito shìzhǎng
a fazenda nóngchǎng
o celeiro gǔcāng
o galpão dàcāngkù
o portão mén
a ripa mùbǎn
o pilar zhù
o fazendeiro nóngchǎngzhǔ
um camponês nóngmín
o lavrador gēngzhòngzhě
a cerca líbā
o campo nóngtián
o poço jǐng
a bomba d'água shuǐbàng
o fertilizante féiliào
a semente zhǒngzi
o grão lì

NO CAMPO ZÀI NÓNGCŪN

o trator *tuōlājī*
o arado *lí*
o gadanho *bàzi*
o forcado *chāzi*
o ancinho *pázi*
o solo *tǔrǎng*
a safra *zhuāngjia*
a colheita *shōuhuò*
o feixe *kǔn*
o trigo *màizi*
o milho *yùmǐ*
o algodão *miánhuā*
o soja *huángdòu*
o feijão *dòu*
a cana-de-açúcar *gānzhè*
a cevada *dàmài*
o lúpulo *píjiǔhuā*
a aveia *yànmài*
a grama *cǎo*

Pomar *guǒyuán*

a macieira *píngguǒshù*
a ameixeira *lǐzǐshù*
a cerejeira *yīngtáoshù*
a figueira *wúhuāguǒshù*
o pessegueiro *táozishù*
a laranjeira *chénsèshù*
o limoeiro *níngméngshù*
a bananeira *xiāngjiāoshù*
o prado *cǎodì*
a palha *jiēgān*
o feno *gāncǎo*

3.500 PALAVRAS EM CHINÊS

Floresta *sēnlín*

o rio *hé*
o lago *húpō*
o orvalho *lùshui*
o charco *zhǎozé*
a flor *huāduǒ*
o cogumelo *mógū*
o musgo *qīngtāi*
o bosque *guànmù*
a árvore *shù*
o galho *shùzhī*
a folha *yèzi*
o tronco *shùgàn*
a casca *shùpí*
a seiva *jīnzé*
a raiz *shùgēn*
o carvalho *xiàngshù*
a nogueira *hétaoshù*
o abeto *cōngshù*
o pinho *sōngshù*
o cedro *xuěsōng*
o castanheiro *lìshù*
o salgueiro *liǔshù*
o chorão *chuíliǔ*
o eucalipto *ānshù*
a moita *guànmùcóng*
a clareira *kòngdì*
a trepadeira *chángchūnténg*
a palmeira *zōnglǚ*
o cipó *téng*
* * *
puro *chúnjìng*
natural *tiānrán*

NO CAMPO ZÀI NÓNGCŪN

bonito *měilì*
fértil *féiwò*
estéril *pínjí*
seco *gānzào*
úmido *cháoshī*
silencioso *jìngqiāoqiāo*
cultivável *kěgēng*
solitário *gūdú*
isolado *gūlì*
doce *tián*

* * *

cultivar *zhòngzhí*
semear *bōzhòng*
lavrar *gēngdì*
irrigar *guàngài*
colher *shōuhuò*
ceifar *shōugē*
debulhar *biāndǎ*
engavelar *kǔn*
afiar *mó*

Tempo e Estações
shíjiān hé jìjié

o tempo (hora) *shíjiān*
o segundo *miǎo*
o minuto *fēnzhōng*
a hora *xiǎoshí*
a meia hora *bànxiǎoshí*
um relógio *shǒubiǎo*
o ponteiro *zhǐzhēn*
o mostrador *biǎopán*
a coroa *shǒubiǎoxuánniǔ*
o despertador *nàozhōng*

3.500 PALAVRAS EM CHINÊS

a ampulheta *shālòu*
a manhã *zǎochén*
a tarde *xiàwǔ*
o começo *kāishǐ*
o fim *jiēwěi*
o fim da tarde *bàngwǎn*
a noite *wǎnshàng*
o dia *báitiān*
hoje *jīntiān*
amanhã *míngtiān*
ontem *zuótiān*
segunda-feira *xīngqīyī*
terça-feira *xīngqīèr*
quarta-feira *xīngqīsān*
quinta-feira *xīngqīsì*
sexta-feira *xīngqīwǔ*
sábado *xīngqīliù*
domingo *xīngqītiān*
a semana *xīngqi*
o fim de semana *zhōumò*
duas semanas *liǎngxīngqí*
o mês *yuè*
janeiro *yīyuè*
fevereiro *èryuè*
março *sānyuè*
abril *sìyuè*
maio *wǔyuè*
junho *liùyuè*
julho *qīyuè*
agosto *bāyuè*
setembro *jiǔyuè*
outubro *shíyuè*
novembro *shíyīyuè*

NO CAMPO ZÀI NÓNGCŪN

dezembro *shíèryuè*
a estação *jìjié*
a primavera *chūntiān*
o verão *xiàtiān*
o outono *qiūtiān*
o inverno *dōngtiān*
o calendário *rìlì*
o tempo *tiānqì*
a chuva *yǔ*
a neve *xuě*
a nuvem *yún*
a neblina *bówù*
a nebulosidade *ǎi*
o sol *tàiyáng*
a tempestade *fēngbào*
o frio *yánhán*
o calor *kùshǔ*
o gelo *bīng*
a geada *shuāng*
o arco-íris *cǎihóng*

* * *

cedo *zǎo*
tarde *wǎn*
próximo *kàojìn*
quente *rè*
frio *lěng*
gelado *bīngdòng*
nublado *duōyún*

* * *

começar *kāishǐ*
acabar *jiéshù*
brilhar *fāguāng*
chover *xiàyǔ*

3.500 PALAVRAS EM CHINÊS

nevar *xiàxuě*
gear *bīngdòng*
gelar *jiébīng*

Animais *dòngwù*

o galinheiro *jīlóng*
a galinha *mǔjī*
o bico *niǎozuǐ*
o galo *gōngjī*
o pinto *xiǎojī*
a pomba *gēzi*
o pato *yāzi*
o ganso *é*
o pavão *kǒngquè*
o cisne *tiāné*
o peru *huǒjī*
a pena *yǔmáo*
a penugem *róngmáo*
a cavalariça *mǎfáng*
o cavalo *mǎ*
a égua *mǔmǎ*
o garanhão *zhǒnggōngmǎ*
o potro *xiǎomǎ*
o casco *mǎtí*
a crina *zōngmáo*
o rabo *wěiba*
a pastagem *mùqū*
o estábulo *gù*
o gado *shēngkǒu*
a vaca *nǎiniú*
o touro *gōngniú*
o boi *huángniú*
o bezerro *xiǎoniú*

NO CAMPO   ZÀI NÓNGCŪN

o chifre   *jiǎo*
o couro   *pí*
a pocilga   *zhūjuàn*
o porco   *zhū*
a porca   *mǔzhū*
o porquinho   *xiǎozhū*
o carneiro   *miányáng*
o carneiro macho   *gōngyáng*
a ovelha   *mǔyáng*
o cordeiro   *yánggāo*
a cabra   *shānyáng*
o bode   *gōngyáng*
o cabrito   *xiǎoshānyáng*
um rebanho   *qún*
o canil   *gǒuwū*
o bicho de estimação   *chǒngwù*
o cachorro   *gǒu*
o gato   *māo*

* * *

criar   *yǎngzhí*
mugir   *hǒujiào*
latir   *jiào*
cacarejar   *gēgējiào*
relinchar   *sījiào*
alimentar   *wèiyǎng*

Animais Selvagens
yěshēngdòngwù

o macaco   *hóuzi*
o pelo   *máo*
o tigre   *lǎohǔ*
o leão   *shīzi*
a pata   *jiǎozhuǎ*

3.500 PALAVRAS EM CHINÊS

a garra   *zhǎo*
a toca   *shòuxué*
a onça   *bào*
o elefante   *dàxiàng*
a tromba   *xiàngbí*
a presa   *dúyá*
o gorila   *dàxīngxīng*
o crocodilo   *èyú*
a girafa   *chángjǐnglù*
o urso   *xióng*
a raposa   *húli*
o lobo   *láng*
o camelo   *luòtuo*
o cervo   *xiónglù*
a corça   *mǔlù*
o veado   *lù*
a camurça   *língyáng*
a lebre   *yětù*
o coelho   *tù*
o ouriço   *cìwèi*
o esquilo   *sōngshǔ*
a lontra   *shuǐtǎ*
o castor   *hǎilí*
o canguru   *dàishǔ*
a toupeira   *yǎnshǔ*
o rato   *lǎoshǔ*
a ratazana   *dàlǎoshǔ*
a cobra   *shé*
o pássaro   *niǎo*
a águia   *fēiyīng*
o falcão   *yīng*
o abutre   *tūyīng*
o papagaio   *yīngwǔ*

NO CAMPO ZÀI NÓNGCŪN

o beija-flor *fēngniǎo*
a coruja *māotóuyīng*
a avestruz *tuóniǎo*
o rouxinol *yèyīng*
a andorinha *yànzi*
o melro *wūdōng*
o corvo *wūyā*
a gaivota *ōu*
o pardal *máquè*
a cegonha *guàn*
o pica-pau *zhuómùniǎo*
o pingüim *qǐé*
a tartaruga *wūguī*
o sapo *chánchú*
a rã *qīngwā*
o lagarto *xīyì*
a foca *hǎigǒu*
a baleia *jīngyú*
o tubarão *shāyú*
o golfinho *hǎitún*
a nadadeira *yúqí*
o polvo *zhāngyú*
a água-viva *shuǐmǔ*
o peixe *yú*
a escama *yúlín*
o caranguejo *pángxiè*
o inseto *kūnchóng*
a mosca *cāngyíng*
o mosquito *wénzi*
a abelha *mìfēng*
a colmeia *fēngwō*
a borboleta *húdié*
a mariposa *húdié*

3.500 PALAVRAS EM CHINÊS

a traça *mǎn*
o besouro *jiǎchóng*
a formiga *mǎyǐ*
a barata *zhāngláng*
a aranha *zhīzhū*
a teia de aranha *zhīzhūwǎng*
o gafanhoto *huángchóng*
o grilo *màzha*
a lesma *kuòyú*
a libélula *qīngtíng*
o percevejo *chòuchóng*
a joaninha *piáochóng*
a pulga *tiàozǎo*
o piolho *shīzǐ*
o carrapato *bìshī*

* * *

selvagem *yě*
manso *wēnxún*
carnívoro *shíròude*
herbívoro *shícǎo*
feroz *xiōnghěn*
inofensivo *wúhài*
traiçoeiro *bèipànde*
livre *zìyóu*
útil *yǒuyòng*
nocivo *yǒudú*
tímido *dǎnqiè*
destemido *wúwèi*
peludo *chángmáo*
pesado *zhòngde*
ágil *línghuó*
esperto *jiǎohuá*
peçonhento *yǒudú*

66

NO CAMPO ZÀI NÓNGCŪN

* * *

caçar *bǔshā*
rapinar *bǔshí*
correr *pǎo*
pular *tiàoyuè*
voar *fēixíng*
nadar *yóuyǒng*
rastejar *páxíng*
devorar *tūnshí*
alimentar *wèi*
espreitar *kuīsì*
entocar-se *cángshēn*
engodar *yòuhuò*
morder *yǎo*
picar *dīng*
unhar *zhuā*
rugir *páoxiāo*
uivar *háojiào*
gorjear *niǎojiào*

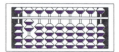

NO TRABALHO
ZÀI GŌNGZUÒ

Na Escola zài xuéxiào

a escola *xuéxiào*
o jardim-de-infância *tuōérsuŏ*
a escola primária *xiǎoxué*
a escola secundária *gāozhōng*
o externato *zŏudúxuéxiào*
o pensionato *jìsùxuéxiào*
o professor *lǎoshī*
o aluno *xuéshēng*
a sala de aula *jiàoshì*
a lousa *hēibǎn*
o giz *fěnbǐ*
o pano *bù*
a esponja *hēibǎncā*
a escrivaninha *shūzhuō*
mesa *zhuōzi*
a cadeira *yǐzi*
a lição *gōngkè*
a pergunta *wèntí*
a resposta *dáàn*
a opinião *guāndiǎn*
o exercício *liànxí*
o exemplo *lìzi*
o problema *wèntí*
o sentido *yìsi*
a solução *dáàn*
a contradição *máodùn*
a conclusão *jiélùn*
o ditado *tīngxiě*

NO TRABALHO ZÀI GŌNGZUÒ

a pontuação *biāodiǎn*
o ponto *jùhào*
a vírgula *dòuhào*
o ponto de interrogação *wènhào*
o erro *cuòwù*
a prova *cèshì*
o exame *kǎoshì*
a nota *kǎofēn*

* * *

fácil *róngyì*
difícil *nán*
bom *yōuliáng*
ruim *biéjiǎo*
preguiçoso *lǎnduò*
trabalhador *xīnqín*
distraído *dàyì*
inteligente *cōngming*
estúpido *yúbèn*
compreensível *kělǐngwùde*
ininteligível *bùnénglǐjiěde*
agitado *bùānjìng*
tranqüilo *ānjìng*
obediente *guāi*
desobediente *bùguāi*
falador *ràoshé*

* * *

entender *míngbai*
aprender *xuéhuì*
saber *zhīdào*
esquecer *wàngjì*
estudar *xuéxí*
significar *yìwèizhe*
concluir *jiéshù*

3.500 PALAVRAS EM CHINÊS

comentar *jiǎngjiě*
perguntar *wèn*
responder *huídá*
resumir *zǒngjié*
retomar *chóngxīnkāishǐ*
falar *shuōhuà*
escutar *tīng*
escrever *xiě*
copiar *chāoxiě*
repetir *fùshù*

Números *shùzì*

um *yī*
dois *èr*
três *sān*
quatro *sì*
cinco *wǔ*
seis *liù*
sete *qī*
oito *bā*
nove *jiǔ*
dez *shí*
onze *shíyī*
doze *shíèr*
treze *shísān*
catorze *shísì*
quinze *shíwǔ*
dezesseis *shíliù*
dezessete *shíqī*
dezoito *shíbā*
dezenove *shíjiǔ*
vinte *èrshí*
vinte e um *èrshíyī*

NO TRABALHO ZÀI GŌNGZUÒ

vinte e nove   *èrshíjiǔ*
trinta   *sānshí*
quarenta   *sìshí*
cinqüenta   *wǔshí*
sessenta   *liùshí*
setenta   *qīshí*
oitenta   *bāshí*
noventa   *jiǔshí*
cem   *yībǎi*
zero   *líng*
cento e um   *yībǎilíngyī*
duzentos   *èrbǎi*
duzentos e um   *èrbǎilíngyī*
trezentos   *sānbǎi*
quatrocentos   *sìbǎi*
quinhentos   *wǔbǎi*
seiscentos   *liùbǎi*
setecentos   *qībǎi*
oitocentos   *bābǎi*
novecentos   *jiǔbǎi*
mil   *yīqiān*
dois mil   *èrqiān*
mil e um   *yīqiānlíngyī*
mil e cem   *yīqiānyībǎi*
um milhão   *yībǎiwàn*
um bilhão   *shíyì*
primeiro   *dìyī*
segundo   *dìèr*
terceiro   *dìsān*
quarto   *dìsì*
quinto   *dìwǔ*
sexto   *dìliù*
sétimo   *dìqī*

3.500 PALAVRAS EM CHINÊS

oitavo *dìbā*
nono *dìjiǔ*
décimo *dìshí*
décimo-primeiro *dìshíyī*
décimo-segundo *dìshíèr*
décimo-terceiro *dìshísān*
vigésimo *dìèrshí*
o trigésimo *dìsānshí*
o centésimo *dìyībǎi*

* * *

contar *shǔshù*
adicionar *zēngtiān*
subtrair *jiǎn*
multiplicar *chéng*
dividir *chú*

Negócios *shēngyì*

o escritório *bàngōngshì*
a fábrica *gōngchǎng*
a companhia *gōngsī*
a firma *gōngsī*
o empregado *zhíyuán*
o patrão *lǎobǎn*
o empresário *qǐyèjiā*
a recepcionista *jiēdàiyuán*
o trabalhador *láogōng*
o capataz *gōngtóu*
a secretária *mìshū*
o gerente *jīnglǐ*
o contador *kuàijì*
o executivo *gāojízhǔguǎn*
o engenheiro *gōngchéngshī*
o advogado *lǜshī*

NO TRABALHO ZÀI GŌNGZUÒ

o corretor *jīngjìrén*
a nota fiscal *fāpiào*
a máquina de escrever *dǎzìjī*
o fax *chuánzhēn*
o computador *diànnǎo*
a secretária eletrônica *diànhuàmìshū*
o telefone *diànhuà*
a venda *xiāoshòu*
o comprador *mǎizhǔ*
o vendedor *shòuhuòyuán*
o produto *chǎnpǐn*
o pedido *dìngdān*
a entrega *jiāohuò*
o entregador *sònghuòyuán*
o recibo *shōutiáo*
o orçamento *yùsuàn*
a renda *shōurù*
as despesas *fèiyòng*
o lucro *yínglì*
a perda *kuīsǔn*
a recessão *xiāotiáo*
a dívida *zhàiwù*
a prestação *fēnqīfùkuǎn*
a conta *zhànghù*
o salário *xīnshuǐ*
o aumento *jiāxīn*
o sindicato *gōnghuì*
o sindicalista *gōnghuìhuìyuán*
greve *bàgōng*
o desemprego *shīyè*
a aposentadoria *tuìxiūjīn*
os impostos *shuì*
a taxa de juro *lìlǜ*

3.500 PALAVRAS EM CHINÊS

o empréstimo *jièkuǎn*
o crédito *xìnyòng*
a profissão *zhíyè*
o trabalho *gōngzuò*
tempo integral *quánrìzhìgōngzuò*
tempo parcial *bànrìzhìgōngzuò*

* * *

lucrativo *zhuànqián*
bruto *zǒng*
líquido *jìng*
eficiente *xiàonéng*
obsoleto *guòshí*
poderoso *qiángshèng*
fraco *wēiruò*
duro *yánkù*
fácil *róngyì*
perigoso *wēixiǎn*
seguro *ānquán*
arriscado *màoxiǎnde*
hábil *língqiǎo*
desajeitado *chǔnbèn*

* * *

trabalhar *gànhuó*
ganhar dinheiro *zhèngqián*
instruir, formar *zhǐdǎo*
empreender *bāogàn*
dirigir *zhǐhuī*
criar *shǒuchuàng*
crescer *zēngzhǎng*
investir *tóuzī*
fazer um empréstimo *jièkuǎn*
emprestar *dàikuǎn*
tomar emprestado *jièkuǎn*

NO TRABALHO ZÀI GŌNGZUÒ

perder *kuībě n*
contratar *gùgōng*
promover *tíbá*
demitir-se *cízhí*
demitir *jiěgù*
fazer greve *bàgōng*
poupar *jiéshěng*
falir *pòchǎn*

A MÍDIA
MÉITǏ

as notícias   *xīnwén*
a imprensa   *bàojiè*
o rádio   *guǎngbō*
a televisão   *diànshì*
o jornal   *bàozhǐ*
a revista   *zázhì*
a agência de notícias   *xīnwénshè*
o canal de televisão   *diànshìtái*
os títulos   *tōnglánbiāotí*
o artigo   *wénzhāng*
a entrevista   *fǎngwènjì*
a fotografia   *xiàngpiàn*
a reportagem   *xīnwénbàodǎo*
o furo   *dújiāxīnwén*
o editorial   *shèlùn*
a crítica   *pínglùn*
os desenhos   *mànhuà*
o anúncio   *fēnlèiguǎnggào*
a propaganda   *guǎnggào*
a seção   *tímù*
a página   *yè*
a primeira página   *tóubǎn*
a coluna   *lánmù*
a assinatura   *dìngyuè*
o jornalista   *jìzhě*
o repórter   *cǎifǎngjìzhě*
o fotógrafo   *shèyǐngshī*
o editor   *biānjí*
o programa   *diànshìjiémù*

76

A MÍDIA MÉITĬ

a novela *féizàojù*
o seriado *liánxùjù*
o comercial *guǎnggàopiān*
a televisão *diànshìjī*
a televisão a cabo *yǒuxiàndiànshì*
a televisão digital *shùzìdiànshì*
a antena *tiānxiàn*
o rádio *shōuyīnjī*
o produtor *zhìpiānrén*
o diretor *dǎoyǎn*
o locutor *yǎnshuōzhě*
o apresentador *zhǔchírén*
a estrela *míngxīng*

* * *

ao vivo *zhíbō*
gravado *shìxiānlùhǎode*
confiável *kěkào*
fiel *zhōngshíde*
verdadeiro *zhēnshí*
falso *jiǎde*
sério *yánsù*
enganador *qīpiànzhě*
chato *méijìn*
difícil *kùnnan*
divertido *yǒuyìsi*
inacreditável *nányǐzhìxìn*
crítico *yánzhòng*
engraçado *huáji*

* * *

olhar *guānkàn*
escutar *shōutīng*
ler *yuèdú*
escrever *xiě*

3.500 PALAVRAS EM CHINÊS

acreditar *xiāngxìn*
comentar *pínglùn*
criticar *pīpíng*
pesquisar *diàochá*
investigar *chámíng*
entrevistar *cǎifǎng*
publicar *chūbǎn*
assinar *dìngyuè*
imprimir *dǎyìn*
comunicar *chuándá*
emitir *guǎngbō*
ligar *dǎkāi*
desligar *guān*

POLÍTICA
ZHÈNGZHÌ

o país *guójiā*
o estado *zhōu*
a sociedade *shèhuì*
o governo *zhèngfǔ*
a constituição *xiànfǎ*
a democracia *mínzhǔ*
a ditadura *zhuānzhèng*
a república *gònghéguó*
a monarquia *jūnzhǔzhì*
o império *dìguó*
o presidente *zǒngtǒng*
o rei *guówáng*
a rainha *nǚwáng*
o ditador *dúcáizhě*
o imperador *huángdì*
o ministro *bùzhǎng*
o partido *zhèngdǎng*
o deputado *yìyuán*
o senador *cānyìyuán*
o congresso *guóhuì*
a minoria *shǎoshù*
a maioria *dàduōshù*
o senado *cānyìyuàn*
o parlamento *yìhuì*
o líder *shǒunǎo*
o estadista *zhèngzhìjiā*
o porta-voz *fāyánrén*
o político *zhèngkè*
a confiança *xìnxīn*

3.500 PALAVRAS EM CHINÊS

a lei   *fǎlǜ*
a eleição   *dàxuǎn*
o eleitor   *xuǎnmín*
o eleitorado   *quántǐxuǎnmín*
o cidadão   *gōngmín*
o candidato   *hòuxuǎnrén*
o discurso   *fāyán*
a esquerda   *zuǒyì*
a direita   *yòuyì*
o boletim de voto   *xuǎnpiào*
a pesquisa de opinião   *mínyìcèyàn*
o poder   *zhèngquán*
a liberdade   *zìyóu*
a igualdade   *píngděng*
a desigualdade   *bùpíngděng*
a opressão   *yāpò*
o ódio   *chóuhèn*
o racismo   *zhǒngzúzhǔyì*

* * *

extremista   *jíduānfènzǐ*
tolerante   *kuānróng*
moderado   *shìdù*
conservador   *ǎoshǒu*
democrático   *mínzhǔ*
demagógico   *gǔhuòrénxīn*
honesto   *chéngshí*
corrupto   *fǔbài*
influente   *yǒuyǐngxiǎnglìde*
persuasivo   *shuōfúlì*

* * *

governar   *zhízhèng*
eleger   *xuǎnjǔ*
candidatar-se   *jìngxuǎn*

POLÍTICA ZHÈNGZHÌ

perder *shībài*
ganhar *huòdéshēnglì*
derrubar *dǎotái*

CRIME E CASTIGO
ZUÌXÍNG HÉ CHǓFÁ

a polícia *jǐngchá*
o policial *jǐngchá*
a delegacia *pàichūsuǒ*
a cela *láofáng*
a vítima *bèihàirén*
a violência *bàolì*
o criminoso *zuìfàn*
o delinqüente *fàn*
a delinqüência *fànzuì*
o ladrão *qièzéi*
o assassino *xiōngshǒu*
o seqüestrador *bǎngfěi*
o refém *rénzhì*
o falsário *wěizào*
o receptador *wōcángfàn*
o estuprador *qiángjiānfàn*
o traficante *fàndú*
o drogado *xīdúzhě*
o cafetão *pítiáokè*
o roubo *qiāngjié*
o furto *tōuqiè*
o assassinato *móushā*
o seqüestro *bǎngjià*
o estupro *qiángjiān*
a falsificação *wěizào*
a arma *wǔqì*
as algemas *shǒukào*
a ameaça *wēixié*
a prova *zhèngjù*

CRIME E CASTIGO ZUÌXÍNG HÉ CHǓFÁ

o indício *zhūsīmǎjī*
a impressão digital *zhǐwén*
o álibi *jièkǒu*
o julgamento *shěnxùn*
a justiça *zhèngyì*
o tribunal *fǎtíng*
o juiz *fǎguān*
o advogado *lǜshī*
o procurador *jiǎncháguān*
a testemunha *zhèngrén*
o acusado *bèigào*
o veredicto *cáijué*
a sentença *pànxíng*
a prisão *jiānyù*
o presídio *bānfáng*
o presidiário *jiēxiàqiú*
o guarda *diǎnyùzhǎng*
a pena de morte *sǐxíng*

* * *

impiedoso *cánrěnde*
cruel *cánbào*
perigoso *wēixiǎn*
ameaçador *kǒngxiàzhé*
culpado *yǒuzuì*
inocente *wúzuì*

* * *

roubar, furtar *lüè duó, qièqǔ*
matar *shāhài*
morrer *sàngshēng*
falsificar *wěizào*
estuprar *qiángjiān*
assassinar *móushā*
apunhalar *xiàdúshǒu*

3.500 PALAVRAS EM CHINÊS

estrangular *èshā*
fugir *tuōtáo*
prender *kòuliú*
pegar *zhuā*
atirar *shèjī*
resistir *dǐkàng*
investigar *diàochá*
incriminar *guīzuì*
confessar *jiāodài*
processar *tíchūsùsòng*
acusar *gàofā*
defender *biànhù*
julgar *pànduàn*
condenar *qiǎnzé*
absolver *shìfàng*
libertar *fàng*
escapar *táotuō*

GUERRA E PAZ
ZHÀNZHĒNG YǓ HÉPÍNG

a guerra *zhànzhēng*
o inimigo *dírén*
o aliado *méngyǒu*
o exército *jūnduì*
a marinha *hǎijūn*
a força aérea *kōngjūn*
a bandeira *qízhì*
o soldado *zhànshì*
o marinheiro *shuǐshǒu*
o aviador *fēixíngyuán*
o oficial *xiàoguān*
o general *jiāngjūn*
o coronel *shàngxiào*
o capitão *shàngwèi*
o tenente *lùjūnzhōngwèi*
o sargento *jūnshì*
a batalha *zhàng*
a estratégia *zhànlüè*
a ofensiva *gōngshì*
a defesa *fángwù*
o combate *zhàndòu*
o ataque *tūjī*
a incursão *jìnxí*
o bombardeio *kōngxí*
a emboscada *máifú*
a arma *wǔqì*
o rifle *bùqiāng*
a pistola *shǒuqiāng*
a metralhadora *jīguānqiāng*

3.500 PALAVRAS EM CHINÊS

a bala *zǐdàn*
a granada *shǒuliúdàn*
a mina *dìléi*
o canhão *dàpào*
o obus *pàodàn*
o foguete *huǒjiàn*
o míssil *dǎodàn*
o avião *fēijī*
o avião de combate *zhàndòujī*
o bombardeiro *hōngzhàjī*
a bomba *zhàdàn*
o porta-aviões *hángkōngmǔjiàn*
o submarino *qiánshuǐtǐng*
o navio de guerra *jūnjiàn*
o tanque *tǎnkè*
o herói *yīngxióng*
a medalha *xūnzhāng*
o desertor *táobīng*
o traidor *nèijiān*
o espião *jiàndié*
o preso *qiúfàn*
a vitória *shènglì*
a derrota *cǎnbài*
a retirada *bàituì*
o cessar-fogo *tínghuǒ*
a trégua *tíngzhàn*
a rendição *tóuxiáng*
o tratado *tiáoyuē*
a paz *hépíng*
os mortos e feridos *shāngwáng*
o sobrevivente *xìngcúnzhě*
a destruição *huǐhuài*
as ruínas *fèixū*

GUERRA E PAZ ZHÀNZHĒNG YǓ HÉPÍNG

* * *
sangrento *xuèxīng*
violento *xiōngbào*
mortífero *zhìmìng*
desumano *cǎnwúréndào*
terrível *kěpà*
medonho *jīngxīndòngpò*
incondicional *wútiáojiàn*
corajoso *yǒnggǎn*
covarde *nuòfū*
fraco *wēiruò*
forte *qiáng*
ousado *dàdǎn*
* * *
combater *zhàn*
atacar *gōngjī*
defender *bǎohù*
resistir *dǐkàng*
atirar *shèjī*
enfraquecer *jiǎnruò*
cercar *bāowéi*
derrotar *jīkuì*
destruir *huǐhuài*
afundar *chén*
massacrar *cánshā*
esmagar *yādǎo*
ameaçar *wēixié*
vencer *zhìshèng*
perder *bài*
render-se *tóuxiáng*

O DIA A DIA
RÌCHÁNGSHĒNGHUÓ

Em Casa zài jiā

a casa *fángzi*
o prédio *dàshà*
o apartamento *gōngyù*
o cortiço *pénghùqū*
a favela *pínmínkū*
o telhado *wūdǐng*
a telha *wǎpiàn*
a antena *tiānxiàn*
a chaminé *yāncōng*
a ardósia *bǎnyán*
a parede *qiángbì*
o tijolo *zhuān*
o cimento *shuǐní*
o bloco *kuài*
o concreto *hùnníngtǔ*
a pedra *shítou*
a janela *chuāng*
a sacada *yángtái*
o vidro de janela *chuāngbōlí*
o vidro *bōli*
a veneziana *bǎiyèchuāng*
a fachada *ménmiàn*
a soleira *ménkǎn*
o patamar *lóutīpíngtái*
a porta *mén*
o ferrolho *chāxiāo*
a fechadura *suǒ*
a chave *yàoshi*

DIA A DIA   RÌCHÁNGSHĒNGHUÓ

a campainha   *ménlíng*
a entrada   *rùkǒu*
a saída   *chūkǒu*
a escada   *lóutī*
o corrimão   *lóutīlángān*
o degrau   *táijiē*
o vestíbulo   *qiántīng*
o corredor   *zǒuláng*
a sala   *tīng*
a sala de visitas   *kètīng*
a sala de jantar   *fàntīng*
o quarto   *shuìfáng*
o escritório   *shūfáng*
o banheiro   *yùshì*
a cozinha   *chúfáng*
o porão   *dìxiàshì*
o sótão   *gélóu*
o térreo   *dǐcéng*
a garagem   *chēkù*
o andar   *lóucéng*
o teto   *tiānhuābǎn*
o chão   *dìbǎn*
o proprietário   *fángdōng*
o inquilino   *fángkè*
o zelador   *ménfáng*
a empregada   *bǎomǔ*

* * *

enorme   *jùdà*
minúsculo   *wēixiǎo*
espaçoso   *kuānchǎng*
apertado   *xiǎo*
escuro   *hēiàn*

3.500 PALAVRAS EM CHINÊS

claro   *míngliàng*
chique   *shímáo*

* * *

comprar   *mǎi*
vender   *mài*
alugar   *zū*
mudar-se   *qiānjū*

Móveis e Acessórios
jiājù hé pèijiàn

os móveis   *jiājù*
a poltrona   *fúshǒuyǐ*
o sofá   *shāfā*
a almofada   *diànzi*
a espreguiçadeira   *tǎngyǐ*
a cadeira   *yǐzi*
a cadeira de balanço   *yáoyǐ*
o banquinho   *dèngzǐ*
a mesa   *cānzhuō*
a mesa de centro   *chájī*
a estante   *shūjià*
a biblioteca   *túshūguǎn*
o tapete   *dìtǎn*
o papel de parede   *bìzhǐ*
a lareira   *bìlú*
o quebra-luz   *dēngzhào*
a luz   *dēngguāng*
o lustre   *diàodēng*
a lâmpada elétrica   *dēngpāo*
a luminária   *dēng*
o interruptor   *kāiguān*
a tomada   *chāzuò*
a cortina   *chuānglián*

DIA A DIA RÌCHÁNGSHĒNGHUÓ

a persiana *bǎiyèchuāng*
o aparador *wǎnchú*
o armário *yīguì*
o espelho *jìngzi*
a cômoda *chúguì*
a gaveta *chōuti*
a cama *chuáng*
o berço *yáolán*
o criado-mudo *chuángtóuguì*
o refrigerador *bīngxiāng*
o fogão *méiqìzào*
a chapa *diànlú*
o forno *kǎoxiāng*
o forno de micro-ondas *wēibōlú*
o exaustor *fēngshān*
a máquina de lavar *xǐyījī*
o secador *hōnggānjī*
o lava-louça *xǐwǎnjī*
a batedeira *jiǎobànjī*
o ferro de passar *yùndǒu*
o armário de parede *bìchú*
a pia *shuǐcáo*
a torneira *lóngtóu*
a frigideira *chǎoguō*
a panela *guōzi*
o pote *guàn*
a assadeira *kǎopán*
a chaleira *cháhú*
a cafeteira *kāfēihú*
a tábua *ànbǎn*
o ralador *mósīqì*
a caneca *bēizi*
a concha *sháo*

3.500 PALAVRAS EM CHINÊS

a espátula *mŏdāo*
o moedor *fĕnsuìjī*
o coador *lòusháo*
o martelo *chuí*
o rolo *gănmiànzhàng*
o cutelo *càidāo*
a lixeira *lājīxiāng*
a banheira *yùpén*
o chuveiro *línyùqì*
o lavatório *guànxǐpén*
a privada *xǐshŏujiān*
o assento *wèizi*
a tampa *gàizi*
o papel higiênico *wèishēngyòngzhǐ*
a descarga *chōushuǐmătŏng*
o aquecimento *nuănqì*
o ar condicionado *kōngtiáo*
o encanamento *shuǐguăn*

* * *

confortável *shūshì*
elétrico *diàn*
quente *rè*
arejado *tōngfēngde*
limpo *gānjìng*
sujo *āngzāng*
empoeirado *yŏuhuīchénde*
entupido *dŭsè*

* * *

mobiliar *tiānzhìjiājù*
decorar *zhuāngshì*
limpar *qīngxǐ*
cozinhar *pēngrèn*

DIA A DIA RÌCHÁNGSHĒNGHUÓ

Família e Amigos
jiātíng hé péngyou

o pai   *fùqin*

a mãe   *mǔqīn*

o marido   *zhàngfu*

a mulher   *qīzi*

o filho   *érzi*

a filha   *nǚer*

os filhos   *érnǚ*

o avô   *yéye*

a avó   *nǎinai*

o neto   *sūnzi*

a neta   *sūnnǚ*

a tia   *bómǔ*

o tio   *bófù*

a irmã mais jovem   *mèimei*

a irmã mais velha   *jiějie*

o irmão   *xiōngdì*

o sobrinho   *zhízi*

a sobrinha   *zhínü*

o sogro   *zhàngrén*

a sogra   *zhàngmǔ*

o genro   *nǚxu*

a nora   *érxí*

a madrasta   *hòumǔ*

o padrasto   *jìfù*

o parente   *qīnqi*

o amigo   *péngyǒu*

o namorado   *nánpéngyou*

a namorada   *nǚpéngyou*

o amante   *qíngrén*

um caso   *wàiyù*

o noivado   *dìnghūn*

3.500 PALAVRAS EM CHINÊS

o casamento *hūnyīn*
a noiva *xīnniáng*
o noivo *xīnláng*
o padrinho *zhènghūnrén*
o solteiro *guānggùn*
a solteirona *lǎochùnǚ*
a viúva *guǎfū*
o viúvo *guānfū*
a gravidez *huáiyùn*
o nascimento *dànshēng*
o padrinho *jiàofù*
o nenê *yīngér*
a criança *háizi*
o guri *háizi*
o garoto *nánhái*
a garota *nǚhái*
o adolescente *qīngshàonián*
o adulto *chéngrén*
o velho *lǎorén*
a vida *shēnghuó*
a morte *sǐwáng*

* * *

feliz *kuàilè*
infeliz *mènmènbúlè*
querido *qīnàide*
mimado *jiāoqìde*
rígido *yángé*
bondoso *cíxiáng*
educado *yǒujiàoyǎng*
maldoso *búshàn*
cabeçudo *gùzhi*
obediente *tīnghuà*
desobediente *bù tīnghuà*

DIA A DIA RÌCHÁNGSHĒNGHUÓ

apaixonado *zhōngqíng*
triste *bēishāng*
amigável *yǒuhǎo*
fiel *zhōngshí*

* * *

nascer *chūshēng*
criar *péiyù*
amar *ài*
beijar *qīnwěn*
abraçar *yōngbào*
crescer *zhǎngdà*
mimar *fàngzòng*
repreender *hēchì*
chorar *kūqì*
rir *xiào*
casar *jiéhūn*
divorciar *líhūn*
brigar *chǎojià*
enganar *qīpiàn*
morrer *sǐwáng*

LAZER XIŪXIÁN

Festas yànhuì

o aniversário shēngrì
Natal shèngdànjié
o casamento hūnlǐ
o batismo xǐlǐ
o feriado jiàrì
a cerimônia yíshì
o convidado kèren
o presente lǐwù
o bolo dàngāo
o papo xiántán
a conversação huìhuà
a discussão tǎolùn
a opinião guāndiǎn
a fofoca xiánhuà
a brincadeira xiàohuà
o baile wǔhuì
a dança wǔdǎo
o flerte tiáoqíng

* * *

delicioso xiānměi
animado huópo
barulhento chāonào
formal zhèngshì
enfadonho chénmènde
falador raoshé
divertido hǎowán
convidar yāoqǐng
celebrar qìngzhù

LAZER XIŪXIÁN

apresentar *jièshào*
reunir-se *huìjí*
festejar *huānqìng*
fofocar *jiáoshé*
gracejar *shuōshuǎ*
cantar *gēchàng*
dançar *tiàowǔ*
brincar *yóuxì*
falar *shuōhuà*
comer *chī*

Esportes e Jogos
tǐyù hé yóuxì

o esporte *tǐyù*
o jogo *yóuxì*
a partida *qiúsài*
o desportista *yùndòngyuán*
o juiz *cáipàn*
o jogador *qiúyuán*
o atleta *tiánjìngyùndòngyuán*
o treinador *jiàoliàn*
o treinamento *xùnliàn*
o campeão *guànjūn*
a equipe *qiúduì*
o parceiro *huǒbàn*
o torcedor *qiúmí*
a vitória *shènglì*
a derrota *cǎnbài*
o empate *héjú*
o recorde *jìlù*
a medalha de ouro, de prata, de bronze
   jīnpái,yínpái,tóngpái
o perdedor *shībàizhě*

3.500 PALAVRAS EM CHINÊS

o vencedor *shènglìzhē*
o campeonato *jǐnbiāosài*
o torneio *bǐsài*
a temporada *jìjié*
o gol *qiúmén*
o goleiro *shǒuményuán*
a bola *píqiú*
o estádio *tǐyùchǎng*
o campo *qiúchǎng*
o ginásio *tǐyùguǎn*
o trampolim *tiàobǎn*
a argola *tiěhuán*
o peso *zhòngliàng*
o haltere *yǎlíng*
a barra *gàngzi*
a corda *shéngsuǒ*
a quadra de ténis *wǎngqiúchǎng*
a pista *pǎodào*
o ringue *lèitái*
a rede *wǎng*
a raquete *qiúpāi*
o serviço *fúwù*
o futebol *zúqiú*
o tênis *wǎngqiú*
o vôlei *páiqiú*
o basquete *lánqiú*
o golfe *gāoěrfūqiú*
o squash *bìqiú*
a natação *yóuyǒng*
o atletismo *tiánjìng*
a ginástica *tǐcāo*
o boxe *quánjī*
o ciclismo *zìxíngchēyùndòng*

LAZER XIŪXIÁN

a corrida *sàipǎo*
a corrida de carro, moto etc *sàichē*
o salto *tiào*
o playground *yóulèchǎng*
a gangorra *qiāoqiāobǎn*
o balanço *yáobǎi*
o carrossel *xuánzhuànmùmǎ*
o tobogā *xuěqiāo*
a areia *shāzi*
a pá *chán*
o ancinho *pázi*
o balde *tǒng*
a pá de cavar *qiāo*
a forma *xíngshì*
o carrinho de mão *shǒulāchē*
o banco *bǎndèng*
a piscina *yǒuyǒngchí*
o jogo de damas *xīyángtiàoqí*
a dama *wánghòu*
o xadrez *qí*
o rei *wáng, lǎokèi*
a rainha *wánghòu, huánghòu*
a torre *chē*
o bispo *xiàng*
o cavalo *mǎ*
o peāo *zú*
o tabuleiro *qípán*
a carta *zhǐpái*
o valete *jiékèzhǐpái*
o ás *zhǐpái*
ouros *hóngtáo*
copas *xīnzàng*
paus *méihuā*

3.500 PALAVRAS EM CHINÊS

espadas   *hēitáo*
as palavras cruzadas   *tánzìyóuxì*
o trocadilho   *shuāngguānyǔ*
a charada   *míyǔ*
o quebra-cabeça   *cèzhìyóuxì*
os dados   *tóuzi*
* * *
rápido   *kuài*
veloz   *fēikuài*
forte   *qiángzhuàng*
vigoroso   *xióngjiàn*
fora de forma   *biànxíng*
cansado   *píbèi*
fácil   *róngyì*
difícil   *kùnnan*
vitorioso   *shènglì*
violento   *xiōnghàn*
excitante   *kòurénxīnxián*
ferido   *shāngkǒu*
esgotado   *jīngpílìjìn*
duro   *jiānrèn*
afortunado   *xìngyùn*
* * *
correr   *bēn pǎo*
saltar   *tiàoyuè*
pegar   *bǔhuò*
puxar   *qiānyǐn*
empurrar   *tuī*
jogar, lançar   *tóuzhì*
bater   *qiāodǎ*
jogar bola   *dǎqiú*
cair   *zhuìluò*
competir   *jìngzhēng*

LAZER XIŪXIÁN

desafiar *fǎnkàng*
dominar *língjià*
marcar *jìfēn*
vencer *jībài*
perder *diūshī*
vaiar *hèdàocǎi*
aclamar *pěngchǎng*
empatar *bùfēnshèngfù*
treinar *duànliàn*
praticar *liànxí*

SAÚDE
JIÀNKĀNG

Corpo shēntǐ

a cabeça tóu
o cérebro nǎozi
o cabelo tóufa
o cacho juǎnfà
a mecha liǔ
a risca tiáowén
o coque fàjì
o rabicho mǎwěibiàn
a trança biànzi
a barba húzi
o bigode xiǎohúzi
a orelha ěrduo
a testa qiáné
o olho yǎnjīng
a sobrancelha méimao
o cílio jiémáo
a pálpebra yǎnpí
a pupila móuzi
o íris hóngmó
o nariz bízi
a narina bíkǒng
a boca zuǐ
o lábio zuǐchún
o dente yá
a gengiva yáyín
a língua shétóu
o paladar shàng'è
a bochecha miànjiá

102

SAÚDE JIÀNKĀNG

o queixo *xiàba*
o maxilar *sāi*
o rosto *miànkǒng*
a tez *miànsè*
a cicatriz *shānghén*
a espinha *gēda*
a covinha *jiǔwō*
a ruga *zhòuwén*
o traço *tèdiǎn*
o pescoço *bózi*
a garganta *hóu*
o pomo de Adão *hóujié*
a nuca *hòujǐng*
o tronco *qūgān*
o ombro *jiānbǎng*
a axila *yèwō*
o peito *xiōng*
o seio *xiōngbù*
o mamilo *rǔtóu*
as costas *bèibù*
a coluna *jǐzhù*
a costela *lèigǔ*
a barriga *dùzi*
o umbigo *dùqí*
o traseiro *dìng*
a nádega *tún*
a cintura *yāoshēn*
o quadril *kuà*
a virilha *fùgǔgōu*
o braço *gēbo*
o cotovelo *zhǒu*
o antebraço *xiǎobì*
o pulso *shǒuwàn*

3.500 PALAVRAS EM CHINÊS

a mão   *shǒu*
a palma   *shǒuzhǎng*
o dedo   *shǒuzhǐ*
o polegar   *mǔzhǐ*
a articulação   *guānjié*
o osso   *gútou*
a unha   *zhǐjiá*
o punho   *quántóu*
a perna   *xiǎotuǐ*
a coxa   *dàtuǐ*
o joelho   *xīgài*
o jarrete   *guópángjiàn*
a rótula   *bìngǔ*
a barriga da perna   *xiǎotuǐdù*
a canela   *jìnggǔ*
o tornozelo   *jiǎohuái*
o pé   *jiǎo*
o dedo do pé   *jiǎozhǐ*
o calcanhar   *jiǎogēn*
a planta do pé   *jiǎozhǎng*
o coração   *xīnzàng*
o pulmão   *fèi*
o fígado   *gānzàng*
o rim   *shènzàng*
o estômago   *wèi*
o intestino   *cháng*
a pele   *pífū*
a carne   *jīròu*
o músculo   *jī*
a veia   *jìngmài*
a artéria   *dòngmài*
o sangue   *xuěyè*
o nervo   *shénjīng*

SAÚDE JIÀNKĀNG

* * *
loiro *jīnhuángsè*
moreno *hèsè*
ruivo *chìhèsè*
cacheado *juǎnqǔ*
careca *guāngtūtū*
cabeludo *máoróngróng*
enrugado *zhòu*
liso *guānghuá*
alto *gāo*
baixo *ǎi*
musculoso *zhuózhuàng*
esbelto *xìcháng*
forte *qiángzhuàng*
fraco *shòuruò*
gordo *pàng*
magro *shòu*
teso *pēngjǐnde*
flexível *línghuó*
feio *chǒulòu*
bonito *piàoliàng*
* * *
respirar *hūxī*
bater *tiào*
crescer *shēngzhǎng*
engolir *yàn*
digerir *xiāohuà*

Doença *jíbìng*

o médico *yīshēng*
o cirurgião *wàikēyīshēng*
o dentista *yáyī*
a primeira consulta *chūzhěn*

105

3.500 PALAVRAS EM CHINÊS

o especialista *zhuānkēyīshēng*
o paciente *huànzhě*
a enfermeira *hùshi*
a doença *jíbìng*
a dor *tòng*
o resfriado *shāngfēng*
a gripe *liúgǎn*
a febre *gāoshāo*
a convulsão *chōuchù*
a náusea *fǎnwèi*
a infecção *gǎnrǎn*
o corte *dāokǒu*
a queimadura *shāoshāng*
a inflamação *fāyán*
a fratura *gǔzhé*
a ferida *chuàngshāng*
o arranhão *cāshāng*
o deslocamento *niǔshāng*
a irritação *zhěnzi*
o micróbio *jūn*
o vírus *bìngdú*
a epidemia *wēnyì*
a tosse *késòu*
a contusão *yūshāng*
o envenenamento *zhòngdú*
a prisão de ventre *biànbì*
a insônia *shīmián*
a câimbra *chōujīn*
o câncer *áizhèng*
o transplante *qìguānyízhí*
a contracepção *bìyùn*
o aborto *duòtāi*
a operação *shǒushù*

SAÚDE JIÀNKĀNG

a injeção *dǎzhēn*
a vacina *yìmiáo*
a cárie *qǔchǐ*
a obturação *tiánbǔwù*
a dentadura *jiǎyá*
a broca *zuàntóu*
a extração *báchǐ*
a prescrição *yàofāng*
o remédio *yào*
a cura *quányù*
a recuperação *kāngfù*
a maca *dānjiàchuáng*
a cadeira de rodas *lúnyǐ*
o hospital *yīyuàn*
o seguro *bǎoxiǎn*

* * *

doente *shēngbìng*
saudável *jiànzhuàng*
contagioso *chuánrǎn*
incurável *bùkějiùyào*
curável *kěyīzhì*
grave *yánzhòng*
benigno *liángxìng*
mortal *zhìmìng*
cansativo *láolù*
esgotado *jīngpílìjìn*
postiço *jiǎde*

* * *

melhorar *gǎijìn*
piorar *biànhuài*
sarar *huīfù*
vomitar *ǒutù*
desmaiar *yūndǎo*

3.500 PALAVRAS EM CHINÊS

tossir *késòu*
espirrar *dǎpēntì*
fungar *chōubízi*
doer *tòng*
tirar *báchū*
operar *dòngshǒushù*
examinar *jiǎnchá*
tratar *yīzhì*
cuidar *zhìliáo*
sentir *gǎndào*

Acidentes e Morte *shìgù hé sǐwáng*

o acidente *shìgù*
a catástrofe *hàojié*
a explosão *bàoliè*
o incêndio *huǒzāi*
a chama *huǒyàn*
o afogamento *yānmò*
o desmoronamento *bēngtān*
a inundação *shuǐzāi*
o terremoto *dìzhèn*
o ciclone *lóngjuǎnfēng*
a tempestade *fēngbào*
os desabrigados *wújiākěguīderén*
o sobrevivente *xìngcúnzhě*
a vítima *shòuhàizhě*
o salvamento *yíngjiù*
o salvador *jiùzhùzhě*
o salva-vidas *jiùshēngyuán*
o bombeiro *xiāofángduìyuán*
as ruínas *fèixū*
os destroços, os escombros *cánhái*

108

SAÚDE JIÀNKÀNG

o cadáver *shītǐ*
o esqueleto *gǔgé*
o túmulo *fénmù*
o caixão *guāncái*
o cemitério *gōngmù*

* * *

acidental *ǒurán*
catastrófico *zāibiàn*
explosível *bàozhàde*
violento *měngliè*
imprevisível *yìbiànde*
trágico *qīcǎn*
desastroso *cǎnzhòng*

* * *

explodir *bàozhà*
desmoronar *bēngkuì*
inundar *yānmò*
salvar *qiǎngjiù*
queimar *shāohuǐ*
destruir *cuīcán*
colidir *chōngzhuàng*
destroçar *chāihuǐ*

Sentidos
gǎnjuéguānnéng

a visão *shìlì*
a luz *guāng*
a escuridão *hēiàn*
a sombra *yīnyǐng*
a ofuscação *zhēbì*
o deslumbramento *cuǐcànduómù*
o brilho *liàngdù*
o contraste *duìzhào*

3.500 PALAVRAS EM CHINÊS

as cores   *yánsè*
o preto   *hēisè*
o branco   *báisè*
o azul   *lánsè*
o vermelho   *hóngsè*
o verde   *lǜsè*
o amarelo   *huángsè*
o marrom   *zōngsè*
o cinza   *huīsè*
o roxo   *zǐsè*
a miopia   *jìnshì*
a presbiopia   *yuǎnshì*
a cegueira   *máng*
o daltonismo   *sèmáng*
os óculos   *yǎnjìng*
a lente   *jìngpiàn*
a audição   *tīnglì*
o silêncio   *chénmò*
o barulho   *zàoyīn*
o som   *shēngyīn*
o farfalhar   *shāshāshēng*
o sussurro   *xìshēng*
a algazarra   *xuānnào*
o grito   *jiānjiàoshēng*
o assobio   *hūshào*
o estrondo   *páoxiāo*
a surdez   *ěrlóng*
o mudo   *yǎba*
o tato   *chùjué*
a carícia   *àifú*
o empurrão   *tuī*
o aperto de mão   *wòshǒu*
o abraço   *yōngbào*

SAÚDE JIÀNKĀNG

o golpe *tuīfān*
a bofetada *zhǎngzuǐ*
a tapinha *qīngpāi*
o olfato *xiùjué*
o perfume *xiāngshuǐ*
o cheiro *qìwèi*
o fedor *èchòu*
o gosto *wèijué*
o sabor *wèidào*
a delícia *lèqù*
o amargor *kǔchù*
a doçura *tiánwèi*
a insipidez *wúwèi*
o gosto azedo *suānwèi*

* * *

luminoso *guāngmíng*
escuro *hēiàn*
brilhante *huīhuángde*
cego *máng*
caolho *dúyǎn*
visível *kějiàn*
invisível *yǐnxíng*
surdo *ěrlóng*
mudo *yǎ*
falar alto *dàshēng*
falar baixo *dīshēng*
silencioso *chénjī*
ensurdecedor *zhèn'ěryùlóng*
barulhento *xuānnàode*
audível *tīngdéjiàn*
inaudível *bùnéngtīngjiàn*
fedorento *nánwén*
perfumado *fēnfāng*

3.500 PALAVRAS EM CHINÊS

cheiroso *xiāng*
macio *ruǎn*
áspero *sè*
liso *guānghuá*
duro *jiānyìng*
frio *lěng*
quente *rè*
saboroso *hǎochī*
doce *tián*
amargo *kǔ sè*
salgado *xián*
apimentado *là*
azedo *suān*
delicioso *xiānměi*

* * *

ver *kàn*
olhar *guānkàn*
fitar *zhùmù*
piscar *zhǎyǎn*
brilhar *fāguāng*
cintilar *shǎnshǎn*
enxergar *kàndejiàn*
ouvir *tīngjiàn*
escutar *tīng*
gritar *jiàohǎn*
berrar *hūhǎn*
trovejar *léihōng*
assobiar *chuīshào*
tocar *jiēchù*
acariciar *fǔài*
apertar *jǐnwò*
agarrar *jǐnwò*
golpear *qiāodǎ*

SAÚDE JIÀNKĀNG

cheirar *wéndào*
feder *chòu*
saborear *pǐnwèi*
salgar *yānzhì*
temperar *tiáowèi*
adoçar *jiātáng*
azedar *biànsuān*
amargar *jiākǔwèi*

Coração e Mente
xīnzàng hé tóunǎo

o sentimento *qínggǎn*
o amor *ài*
a ternura *róuqíng*
a compaixão *tóngqíng*
a bondade *shànxīn*
a maldade *huàixìng*
o ódio *chóuhèn*
o ciúme *jìdù*
a inveja *xiànmù*
o orgulho *jiāo'ào*
a vaidade *xūróng*
a vontade *yìzhì*
a sabedoria *zhìhuì*
a raiva *bàonù*
a serenidade *níngjìng*
o espírito *xīnlíng*
a inteligência *zhìlì*
a imaginação *xiǎngxiànglì*
a estupidez *shǎ*
o egoísmo *zìsī*
a generosidade *dùliàng*
a qualidade *pǐndé*

3.500 PALAVRAS EM CHINÊS

o defeito *duǎnchù*
a tolerância *nàixīn*
a coragem *yǒngqì*
a mesquinharia *wěisuǒ*
a hipocrisia *wěishàn*
a lealdade *zhōngxīn*
a sensibilidade *gǎnxìng*
o entusiasmo *rèqíng*
a felicidade *xìngfú*
a tristeza *chóuchàng*
o desespero *juéwàng*
o desprezo *qīngshì*
a amizade *yǒuyì*
a inimizade *chóuhèn*
o otimismo *lèguānzhǔyì*
o pessimismo *bēiguānzhǔyì*
a angústia *yōusī*
o medo *kǒngjù*

* * *

amado *qīn'ài*
terno *wēnróu*
bom *xiánliáng*
mau *búshàn*
odioso *kěhèn*
ciumento *dùjì*
orgulhoso *zìháo*
vaidoso *zìfùde*
sábio *míngzhì*
raivoso *fēngkuáng*
espirituoso *jīzhì*
inteligente *cōngming*
imaginativo *fùyúxiǎngxiàng*
estúpido *yúbèn*

SAÚDE JIÀNKĀNG

egoísta *zìsī*
generoso *kāngkǎi*
tolerante *bāoróng*
corajoso *yǒnggǎn*
mesquinho *wěisuǒ*
hipócrita *wěishàn*
leal *zhōngchéng*
sensível *mǐngǎn*
entusiasta *rèxīn*
feliz *yúkuài*
triste *bēishāng*
desesperado *juéwàng*
desprezível *xiàjiàn*
amigável *yǒuhǎo*
inimigo *duìtou*
otimista *lèguān*
pessimista *bēiguān*
angustiado *kǔnǎo*
ame•lrontado *huángkǒng*

* * *

amar *ài*
gostar *xǐhuān*
odiar *hèn*
sentir *gǎnjué*
temer *kǒngjù*
desejar *zhùyuàn*
confiar *xìnrèn*
mentir *shuōhuǎng*
enganar *qīpiàn*
amedrontar *jīngxià*

PALAVRAS ÚTEIS
YǑUYÒNGDE CÍ

sim   *shì*
não   *fǒu*
talvez   *yěxǔ*
por que?   *wèishénme*
porque   *yīnwèi*
quanto   *duōshǎo*
quantos   *duōshǎo*
desde   *zìcóng*
muito   *hěng*
muitos   *hěnduō*
pouco   *shǎoliàng*
mais   *gèngduō*
bastante   *chōngyù*
quando   *dāng*
antes   *yǐqián*
depois   *yǐhòu*
já   *lìjí*
nunca   *cóngméiyǒu*
sempre   *zǒng*
muitas vezes   *jīngcháng*
agora   *xiànzài*
entre   *zhījiān*
detrás   *hòumian*
debaixo   *xiàmian*
sob   *xià*
por cima   *shàngmian*
ao lado   *pángbiān*
através   *tōngguò*
perto   *jìn*

PALAVRAS ÚTEIS YǑUYÒNGDE CÍ

longe *yuǎn*
para cima *wǎngshàng*
para baixo *wǎngxià*
diante de *duìmiàn*
sobre *shàngmian*
em *zài*
dentro *nèi*
fora *wài*
aqui *zhèlǐ*
lá *nàli*
com *hé*
sem *wú*
até *zhǐ*
mais *zài*
menos *shǎo*

* * *

grosso *nónghòu*
fino *xì*
gordo *féipàng*
magro *shòu*
vazio *kōngxū*
cheio *chōngfèn*
pesado *zhòng*
leve *qīng*
largo *kuānkuò*
estreito *xiázhǎi*
comprido *cháng*
curto *duǎn*
alto *gāo*
baixo *dī*
fundo *shēnkè*
raso *qiǎn*
aberto *chǎngkāi*

3.500 PALAVRAS EM CHINÊS

fechado *fēngbì*
vertical *chuízhí*
horizontal *shuǐpíng*
afiada *fēnglì*
embotada *dùn*
entalhado *kè jì*
em relevo *lìtǐ*
pontudo *ruìlì*
obtuso *chídùn*
liso *guāngliūliū*
áspero *cūcāo*
íngreme *dǒuqiào*
plano *píng*
cedo *zǎo*
tarde *wǎn*

* * *

bom dia *zǎochénhǎo*
tudo bem *nǐhǎo*
boa noite *wǎnshanghǎo*

* * *

por favor *qǐng*
obrigado *xièxie*
de nada *méiguānxì*
com licença *láojià*
desculpe *duìbùqì*
até logo *zàijiàn*

Conheça também outros livros da série:

Este livro foi composto na fonte Sauna e
impresso em maio de 2008 pela Prol Gráfica Ltda.,
sobre papel offset 90g/m².